跨文化交际与英语教学研究

熊 丽 著

图书在版编目(CIP)数据

跨文化交际与英语教学研究/熊丽著. — 哈尔滨：哈尔滨出版社,2020.11
ISBN 978-7-5484-5734-3

Ⅰ.①跨… Ⅱ.①熊… Ⅲ.①英语－教学研究－高等学校 Ⅳ.①H319.3

中国版本图书馆 CIP 数据核字(2020)第 212458 号

书　　名：跨文化交际与英语教学研究
KUA WENHUA JIAOJI YU YINGYU JIAOXUE YANJIU

作　　者：熊丽　著
责任编辑：王　健　张　杰
责任审校：李　战
装帧设计：中图时代

出版发行：哈尔滨出版社（Harbin Publishing House）
社　　址：哈尔滨市松北区世坤路 738 号 9 号楼　　邮编：150028
经　　销：全国新华书店
印　　刷：河北文盛印刷有限公司
网　　址：www.hrbcbs.com　　www.mifengniao.com
E－mail：hrbcbs@yeah.net
编辑版权热线：（0451）87900271　87900272
销售热线：（0451）87900202　87900203
开　　本：710 mm×1000 mm　1/16　　印张：13　　字数：200 千字
版　　次：2020 年 11 月第 1 版
印　　次：2021 年 6 月第 1 次印刷
书　　号：ISBN 978-7-5484-5734-3
定　　价：60.00 元

凡购本社图书发现印装错误，请与本社印制部联系调换。
服务热线：（0451）87900278

目 录

第一章　跨文化交际概述 … 1
  第一节　文化、交际和语言 … 1
  第二节　跨文化交际 … 21
  第三节　文化教学的原则与策略 … 33
  第四节　跨文化交际学 … 43

第二章　高校英语教学思维基础 … 49
  第一节　高校英语教学的基本关系 … 49
  第二节　高校英语教学的基本原则 … 53
  第三节　高校英语教师 … 58
  第四节　高校英语教学的模式 … 63

第三章　跨文化交际与英语教学 … 73
  第一节　跨文化英语教学的理论基础 … 73
  第二节　跨文化英语教学的方法 … 82
  第三节　跨文化英语教学中的教师与学生 … 90
  第四节　跨文化英语教学的评价 … 99

第四章　跨文化交际英语教学的问题 … 108
  第一节　高校英语教学中跨文化教育存在的问题 … 108
  第二节　高校英语教学中的文化问题 … 114
  第三节　高校英语教学中的文化障碍 … 122
  第四节　跨文化高校英语教学建议 … 127

第五章　高校英语教学与跨文化传播 … 138
  第一节　高校英语教学与跨文化传播的基础 … 138

第二节　跨文化传播中的文化障碍 …………………………………… 156
　第三节　跨文化传播中的网络英语教学 ……………………………… 165
　第四节　高校英语教学跨文化传播的问题 …………………………… 168

第六章　大学生跨文化交际能力的培养 ………………………………… 171
　第一节　跨文化人的身份与能力培养 ………………………………… 171
　第二节　跨文化交际能力培养 ………………………………………… 188
　第三节　高校英语教学中跨文化交际能力培养 ……………………… 190
　第四节　跨文化交际意识培养 ………………………………………… 196

参考文献 …………………………………………………………………… 202

第一章　跨文化交际概述

第一节　文化、交际和语言

一、关于文化的概念

(一) 文化的定义

1. 文化

"文化"这个词古已有之,但它的含义与现代的理解不一样,指与"武力"相对的文德教化。如汉代刘向《说苑·指武》中说:"圣人之治天下也,先文德而后武力。凡武之兴,为不服也;文化不改,然后加诛。夫下愚不移,纯德之所不能化,而后武力加焉。"又如晋代束广微《补亡诗·由仪》:"文化内辑,武功外悠。"《文选》李善注:"言以文化辑和于内,用武德加于外远也。"后来"文化"一词被日语借入,到近代又被日语用来作为英语 culture 的对译词。再后来"文化"作为日语借词又被现代汉语吸收,于是"文化"就同英语的 culture 有了直接的词源关系,并衍生出"文明""教育"等含义。文化属于人类创造的精神财富和物质财富,人性具有的共性就使得人们能共享这些财富。然而正如孔子所说的"性相近,习相远",人性固然相通,但"习相远"导致了文化的差异。因此,克服文化差异所产生的障碍就显得很重要,这意味着在达到有效交际之前,我们必须了解别人的文化。

在文化学或文化人类学中,"文化"一词通常指人类社会区别于其他动物的全部活动方式以及活动的产品。就这一概念的核心内涵而言,它的意义是明确的,然而在实际研究中,专家们给的定义却五花八门。美国人类学家克鲁伯(Kroeber)曾搜罗并列举了西方近现代160多位学者对"文化"所下的不同定义,并从下定义的方法角度进行了分类和研究。在众多的关于文化的定义中,文化人类学家泰勒(Tylor)和马林诺夫斯基(Malinowski)两人的定义比较受人推崇。泰勒认为文化"是一个复合的整体,包括知识、信仰、艺术、道德、法律、风俗,以及人类在社会里所获得的一切能力与习惯";马林诺夫斯基把文化看作一种具有满足人类某种生存需要的功能的"社会制度",是"一群利用物质工具而固定生活于某一环境中的人们所推行的一套有组织的风俗与活动的体系"。前者着眼于文化的整合性和精神性,后者着眼于文化的功能性和制度性。

着眼于跨文化语言交际的研究,另外两位学者关于文化的定义或许更准确、更直接。社会语言学家戈德朗夫(Goodenough)指出,文化是"由人们为了使自己的活动方式被社会的其他成员所接受、所必须知晓和相信的一切组成。作为人们不得不学习的一种有别于生物遗传的东西,文化必须由学习的终端产品'知识'组成"。本尼迪克特(Benedict)认为,文化是"通过某个民族的活动而表现出来的一种思维和行动方式,一种使这个民族不同于其他任何民族的方式"。这两个定义都强调了文化的民族性,前者突出了民族内部的规范,后者突出了民族之间的差异。概括地讲,文化就是人们所觉、所思、所言、所为的总和,在不同的生态环境下,不同的民族创造了自己特有的文化,也被自己的文化所塑造。

一般认为,"文化"作为一个专门概念,可以有狭义和广义两种理解。狭义的理解着眼于精神方面,指社会的意识形态、风俗习惯、语用规范以及与之相适应的社会制度和社会组织。但是,精神或意识并不可能脱离人类物质生产的社会实践凭空产生或独立存在,而是在人类改造自然的社会实践中产生出来的。在这一社会实践中,人类既创造了物质财富,改善了自身赖以生存的客观物质条件,也创造了精神财富,形成了人类独有的意识形态、思维能力和生活方式,使自身摆脱了"自然人"状态并获得了不断进步。在使人类生活超脱动物性并区别于动物生存的一切因素中,精神方面和物质方面始终纠结为一体,互为因果、密不可分。因此,从广义方面理解,"文化"包括精神和物质两个方面,即指人类在历史发展中所创造的物质财富和精神财富的总和。不过在通常情况下,提到"文化",人们首先想到的是它的狭义方面,即文化的精神形态方面。

2. 文化定势

世界上大多数社会中都可能存在着若干群体或社团,这些群体或社团对地域、历史、生活方式以及价值观等方面的共享,使其成员形成、发展并强化了自己独特的文化及与之相适应的交际文化。当然,形成自己的文化,任何一个群体必须首先界定自己群体的边界。根据很多学者的观点,群体概念的形成可能以民族、种族、地域、职业、性别、政治、社团、世代、组织乃至具体的社会活动或生活形态的共享为基础。一旦一个群体形成了,相应的文化也就应运而生了。诸如中国文化和美国文化、东方文化和西方文化、强环境文化和弱环境文化、群体主义取向和个人主义取向等,都属于以国家、民族或更大范围的地域为边界所定义的文化。在进行跨文化交际研究中,学者们往往倾向于把某一文化群体的每一个成员都当作该文化定势的代表,或当作整体文化形象。这种整体式的文化取向,通常被叫作文化定势。

当然,在跨文化交际过程中,文化会因具体情景、场合不同而表现出种种差异。在社会化的过程中,由于环境、情景等时空的不断变化,人们通过交际确认、建立、维持和强化各种文化身份,习得了不同的交际文化。当他们长大成人时,他们掌握了成套的在各种不同社会情景中与人交往的规则,在不同时间、不同场合、不同情景,与不同群体的交往中,习得了不同的交际规范。也就是说,在社会化的过程中,人们习得了各种不同的群体文化、信仰文化、地域文化,形成了不同类型的社会关系和角色关系。

在文化学研究领域,通常把文化分为主流文化和亚文化。也就是说,文化的概念具有层次性,一种整体文化中往往包含了各种不同的次范畴"变体",形成某种文化圈内的亚文化圈。亚文化产生于亚群体,亚群体是某个民族内部的群体分化,他们在亚群体中享有共同的信仰、价值观、行为准则、交往规范以及认知模式。不同亚群体之间在所觉、所思、所言、所为等方面都存在一定的差异,因此,亚文化与主流文化之间,既有"大同"的一面,也有"小异"的一面。中国是一个多民族的国家,加之地域辽阔,人口众多,亚文化现象非常明显,长江以北地区属于传统的中原文化,东南沿海地区表现为典型的海派文化,西南地区则呈现出多元的民族文化特色。这些差异常常会导致一种文化内部不同群体之间的交际出现失误、冲突。

(二)文化的特征

1.交际的符号性

文化不是与生俱来的,而是通过符号被人们习得和传授的知识。任何文化都表现为一种象征符号的系统,也表现为人在创造和使用这些符号过程中的思维和行为方式。人是一种"符号的动物",符号化的思维和符号化的行为是人类生活中最富代表性的特征,人类创造文化的过程,就是不断发明和运用符号的过程。人类创造了文化世界,其实质是为自己创造了一个"符号的宇宙"。在文化创造中,人类不断把对世界的认识、对事物和现象的意义及价值的理解转化为一定的具体可感的形式或行为方式,从而使这些特定的形式或行为方式产生一定的象征意义,构成文化符号,成为人们生活中必须遵循的习俗或法则。于是人们就生活在这些习俗或法则的规范之中,生活在自己创造的充满文化符号的世界之中,一方面承受着文化的制约,另一方面又通过对文化制约的承受而表现其人生的意义和价值。比如,在古代中国封建等级制度的规范中,服装的颜色是有等级规定的:帝王服饰为明黄色,高级官员和贵族服饰为朱红或紫色,中下层官员服饰为青绿色,衙门差役服饰为黑色,囚犯服饰为赭色。于是,服装颜色就成了特定身份的象征符号。在等级观念淡薄的今天,服装颜色的等级象征意义固然已不复存在,但在力求服饰的色彩或款式与年龄、性别、身份、行业、环境、习俗协调一致的追求中,人们又给色彩和款式赋予了丰富的审美意义;而在某些必须标明的社会角色(如军警、执法人员等)身上,服装颜色和款式仍具有身份象征的符号作用。再比如,我们在宴请、婚礼、葬仪以及各种庆典中司空见惯的一切,包括环境、服饰、道具、程序等,也无不具有符号性。以婚礼为例:西方国家在教堂举行婚礼,牧师主婚,新婚夫妇宣誓,交换戒指,亲朋好友陪伴,显得简朴、庄严、和谐;中国传统婚礼则程序烦琐,道具繁杂,禁忌繁多,大宴宾客,大闹洞房,感觉铺张、热闹、喜庆。

文化的符号性导致文化和交际具有同一性。交际是文化的编码、解码过程,语言是编码、解码的工具,也是它的传承和储存系统。我们可以把文化概括为"符号和意义的模式系统"。模式指文化的规则性和稳定性;符号指表现实的语言、非语言或其他什么东西;而意义则指人们赖以生存的文化是一个意义系统,是人们对所处社会的文化取向、价值观念、社会规范等方面的诠释。只有当交际双方对同一符号的解释完全一致时,或者在很大程度上相近时,交际才有可能有效进行。否则误解、冲突就在所难免。这意味着,在交际过程中差异是潜在的危险。文化是符号和意义的模式系统也意味着交际行为的解释活动或译码活动是由文化的特定规则或规范所制约的,也就是说,只有在双方共享一套社会期望、社会规范或行为准则时,交际才得以有效进行。

2. 民族的选择性

文化不可能凭空产生和存在,它植根于人类社会,而人类社会总是以相对集中聚居并有共同生活历中的民族为区分单位的,因此一定的文化总是在一定民族的机体上生长起来的。民族群体是民族文化的土壤和载体,文化的疆界通常总是和民族的疆界相一致,民族的特征除了体貌特征之外就是文化的特征,所谓民族性主要也是指文化上的特性。比如同为上古文明,古希腊、古印度、古埃及和古代中国的文化各有独特性;同为当代发达国家,日本和美国、欧洲各国之间在文化上也存在着差异。而当一个人口众多的民族分布在广大的地域上时,保持文化在各个层次的细节上完全一致势必不可能,于是民族文化在地域性渐变的基础上往往形成一些互有差异的亚文化,形成大传统下各具特色的小传统。小传统具有区域性,是大传统的组成部分,同时又受大传统的支配和统摄。于是在民族文化的大范围内常有多种区域性文化同时并存。比如同为中国上古文化,就有中原文化、齐鲁文化、楚文化和吴越文化的区别,并且这种区别至今仍有一定程度的保留。

因此文化具有选择性。人类可供选择的行为规则是无限的,然而每一特定文化所选择的规则是有限的。每种文化只选择对自己文化有意义的规则,因此每一文化成员的行为所遵循的规则是有限的。可以说文化的功能在于界定不同的群体。文化的这一特点,对跨文化交际来说十分重要。文化的这种集体无意识的不可避免的产物是群体或民族中心主义,从群体或民族中心主义的概念本身,我们可以看出它与交际的关系。群体或民族中心主义是人类在交际过程中的普遍现象,人们会无意识地以自己的文化作为解释和评价别人行为的标准,习惯把自己的文化当作观察别人行为的窗口,其结果是自己的行为会被无意识地认为是正确的,或是有道理的。显然,群体或民族中心主义会导致交际失误,达到一定程度时会带来文化冲突。

3. 观念的整合性

文化是群体行为规则的集合,可以被理想化地推定可能出现在某一社会或群体的所有成员的行为之中。这样,我们就有了诸如中国文化、美国文化或东方文化、西方文化等整齐划一的提法,而某一主流文化中又存在诸如亚文化或群体文化、地域文化、职业文化、性别文化等。这意味着社会组织、社会结构、社会关系、社会地位等都属于文化范畴。历史所衍生及选择的传统观念,尤其是世界观、价值观念等文化的核心成分,尽管不属于行为范畴,但也会像电脑一样为人们编制行为和思维程序,规定交际行为的内容和方式以及编码过程,因此,世界观、价值观等常被称为"文化实体""民族性格"。可见文化是一个由多方面要素综合而成的复杂整体,是一定区域内的一定文化群体(通常表现为民族)为满足生存需要而创造的一整套生活、思想、行为的模式。在这个整体模式中,各组成要素互相补充、互相融合、互相渗透,共同发挥塑造民族特征和民族精神的功能。

同时,整个民族文化又有一个或少数几个由价值选择结果为出发点的"文化内核",这样的文化内核就像遗传因子一样无所不在地渗入该民族的所有文化细胞之中,发挥着整合文化的潜在作用,从而使整个文化产生一种保守性、内聚性、排异性和对外来文化要素的同化力。文化的整合性是一种文化得以自我完善和形成独特面貌的动力。它可以保证文化在随时间变迁的同时,在一定限度内维持稳定的秩序。比如在中国延续了两千余年的传统文化中,建立在血缘根基上的宗法意识形态,融自然哲学、政治哲学和伦理哲学为一体的"天人合一"世界观,以"经国济世"为目的的实用理性等精神元素,作为中国文化的"内核",一直在文化传统的形成中发挥着"整合"作用。经过这种整合而形成的中国文化,是一个迥异于欧美文化的独特模式。而跨文化交际的误会、冲突正植根于此。由于不同文化有着不同的

"内核",必然导致在价值观念、认知模式、生活形态上的差异,这种差异在交际方面必然会形成文化的碰撞,于是交际双方如不能理解对方的文化,就会产生与交际预期的反差,结果当然是不能令人满意的。

4. 动态的可变性

文化的稳定性也是相对的,并不能保证文化在历史的长河中恒久不变。一方面,既然文化是一种为了满足人类生存需要而采取的手段,那么当生存条件有了变化,作为观念形态的文化必然要发生变化,这是文化可变性的内在原因。在人类文化史中,重大的发明(如文字、造纸术、印刷术、蒸汽机、电器、电子计算机)、重大的发现(如地理新大陆、天体运行规律、能量守恒定律)都曾给文化的变迁以巨大的推动力。这是因为新的发明创造和科学技术的进步使人们的思想行为、生活方式乃至交际模式都处在不断变化之中。另一方面,从一种文化的外部而言,文化传播、文化碰撞可能造成这种文化内部要素和结构的"量"的变化,而这种"量"的变化的不断积累也可能促使这种文化发生"质"的变化,导致进化、退化、没落、重组或转移等结果。社会的发展,国家、民族之间交往的频繁和深入,政治上的风云突变和经济上的全球化趋势都使文化不断交流、碰撞乃至发生变化。比如,佛教传入中国,曾经使中国传统文化的结构和面貌发生过深刻变化;中国的儒家思想、汉字在东南亚不少国家的文化中也曾产生过重大影响;而欧洲文化进入美洲,则导致了美洲本土文化的大量萎缩甚至部分消亡;20世纪苏联的解体、柏林墙的消失、欧洲经济联盟的形成不仅改变着人们的政治生活,也在改变着人们的交际模式。

表层文化结构(物质形态)的变化,在速度和质量方面都远远超过深层文化结构(精神形态)的变化。比如现代生活在衣、食、住、行等方面的变化要比信仰、价值观、世界观等方面的变化明显得多。20世纪80年代中国开始实施改革开放的发展战略,近30年来,人们的生活方式、居住条件、饮食结构、衣着习惯等"硬件"都发生了巨大的变化,这是举世瞩目的。但是在"软件"方面,质的变化却并不明显。表面上看中国的"新生代"很容易接受西方的意识形态,但随着年龄的增长,他们又"回归"了。这是文化定势决定的,是不以人的意志为转移的,因此我们必须清醒地看到,"同国际接轨"是有限的,因为能"接轨"的多数属于文化结构的表层,而不是它的深层。不管社会发展到什么阶段,深层文化的差异、冲突是无法避免的。改革开放以来,不少跨国企业、国际品牌进入中国,而"本土化"始终是一个永恒的话题,这就是文化差异导致的。从这一点来说,跨文化交际确实是一个亟待解决的难题。

二、关于交际的概念

(一) 交际的本质属性

"交际即文化,文化即交际",两者是相通的。没有交际就难以形成文化,而文化就是在交际中得以存在和发展的。符号学家把两者的关系概括为"文化是冻结了的交际,而交际是流动着的文化",这是非常精辟的。"交际"在英语中可以有两种表述:一是 social intercource,强调它的"社会性"(social);一是 communication,突出它的"交际性"。而 communication 来源于拉丁语 commonis 一词,commonis 是"共同"(common)的意思。因此,"交际"这一概念与"社会共同""社会共享"密切相关,"社会共同"或"社会共享"是交际的前提。事实表明,只有同一文化的人们在行为规范方面具有共性,或交际双方共享某一文化规范,才能进行有效的交际。跨文化交际是不同主流文化的人们之间的交际,当然要求双方互相理解或遵循对方的文化,只有这样,才能保证交际达到预期的目标。关于交际的本质属性,可以从以下三个方面来理解:

1. 有意识行为和无意识行为

在交际过程中,任何性质的符号都可用来交际,除了语言符号,更多的是非语言符号,包括各类行为。这是因为人们的行为有些是有意识的,而有些是无意识的。在社会化的过程中,人们的很多行为是无意识习得的,譬如站立、行走、身姿、手势乃至言语行为等。很多其他行为也同样是不知不觉学会的,并且可能在不知不觉中发生,尤其是非言语行为,如脸红、微笑、点头、皱眉头、伸舌头、眨眼睛等都会在无意识中自然流露。值得注意的是,这些行为一旦被观察或注意到时,客观上就传递了信息,交际也就发生了。研究表明,在正常交际中人们惯常的交际行为是无意识的,或意识性很弱;但在陌生的环境中,人们的交际行为有时会是有意识的,或自觉的。这意味着在与文化背景相似的人交际和与文化背景不同的人交际时,交际行为是有差异的。前者往往是无意识的,后者往往是有意识的,至少两者之间在意识程度上有所区别。这也意味着在跨文化交际中产生失误或误解是不可避免的,因为不同文化背景人的无意识行为可能与对方的文化规范相悖,而一旦这样的无意识行为被对方观察到,就会被赋予消极意义,从而会产生特定的反应。这一点在跨文化交际中应引起充分的注意。

2. 编码过程和解码过程

交际是一个编码和解码过程,信息交流是一个编码和解码的心理活动。具体地说,编码是把思想、感情、意识等编成语码(如言语或非言语行为以及书面语等符号)的过程;而解码则是对从外界接受的符号或信息赋予意义或进行解释的过程。有效的沟通,只有在发出信息的人和接收信息的人共享同一或相近的语码系统时才能实现,也就是说交际双方使用同一种语言说话。而且仅仅共享同一语言符号系统还不够,交际双方对其他相关因素的理解和把握也许更重要。交际行为是文化和社会行为,它必然发生在社会之中,并受社会众多因素的影响和制约,主要包括三个层面:(1)文化背景,涉及价值观念、文化取向、社会结构、心理因素、环境因素等;(2)交际情景,涉及交际双方的社会地位、角色关系,以及交际发生的场合、时间及谈论的话题等;(3)代码系统,主要指对接受的信息赋予意义的过程中产生的"文化过滤"机制。这些因素密切相关,相互作用,相互依存。交际过程中意义的获得是一个十分复杂的过程,由于众多变量的存在,编码人传递的信息和解码人所获取的意义之间永远是有距离的。而在跨文化交际中,因不同社会在上述因素方面存在的差异更大,这种距离往往更大、更明显。

3. 语法规则和语用规则

交际活动中交际双方必须遵循某些规则,除了固定的词法、句法等语言规则之外,还有具体的文化规范及其制约下的语用规则。同一文化的人们共享这些规则,因此他们之间的交际并不困难;但不同文化的人们相互交际时,因为在这些规则方面存在差异,交际将会产生障碍。但从另一角度看,因为这些规则的存在,也使跨文化交际成为可能。只要人们掌握了相关的文化规则,有效交际是可以实现的。在人们的交际过程中,交际者往往会对对方交际行为的结果进行预测。因为交际是在一定的文化背景和交际情景中进行的,而且交际行为有其固有的语言规则以及语用规则,因此人们的交际过程是一个交际双方对彼此的交际行为的结果进行预测的过程。这种预测过程可能是自觉的,也可能是无意识的,预测的准确程度取决于人们对交际环境因素及其与交际行为相互作用的关系的理解程度,取决于人们对文化和语用规则掌握的熟练程度和运用的灵活程度。这说明对交际的有关因素知道得越多,预测能力就越强,交际就越有成效,这也说明对交际符号系统的理解程度取决于对文化符号系统的理解程度。在跨文化交际时,可能会出现这样或那样的问题或障碍,这些问题或障碍可能与交际渠道无关,与语码无关,也不是语言系统的差异所致,而很可能就是文化、社会、环境、心理或交际情景因素造成的。因为交际双方的文化规范存在差异,所以对文化背景或交际情景因素缺乏共识。

(二)交际的构成要素

语言交际在本质上属于信息传播,是一个动态的系统构成,必须具备构成系统的基本要素。信息论认为,一个信息传播系统的构成,必须有信息的输入(X)和输出(Y)以及处于共同的变换(R),用简单的公式表示,信息传播可描述为:

$$X \xrightarrow{R} Y$$

这是一个动态过程,其中变换(R)是对信息的处理过程。通常来说信息传播系统的构成包括七个环节:

1. 传播者

传播者指信息传播者,即具有交际需要和愿望的具体的人。"需要"是指希望别人对自己作为个体而存在的认可,或改变别人的态度和行为的社会需要;"愿望"指试图与别人分享自己内心世界的欲望。从跨文化语言交际来看,传播者是产生或激发了与不同文化背景的人交流的需要和愿望的交际主体。

2. 编码

编码指传播者依据社会、文化和交往规则,运用某种语言的词法、句法等规则对语码进行选择、组合和创造信息的过程。内心所思是不能直接与别人分享的,我们必须依赖符号来表达,因此编码是一种心理活动。从跨文化语言交际来看,虽然传播者是运用某种特定的语言符号在进行编码,但必定有某种特定的社会、文化和交往规则的支撑。

3. 信息

信息指传播者编码的结果。信息是交际个体在某一特定时空的心态的具体写照,因此就面对面的交谈而言,除了语码之外,还伴随着很多交际个体的非语言的信息,以及交际环境信息。从跨文化语言交际来看,信息就是一个由语码、非语言信息及交际环境信息整合而成的综合体,其中渗透了某种特定的社会、文化密码。

4. 通道

通道是把信息源和信息接收者连接起来的物理手段或物质媒介。信息传递的手段或媒介是多种多样的,主要包括面对面交谈、电话交谈及短信、邮件往来。从跨文化语言交际来看,面对面交谈是最常见、最主要的形式,这是通过听觉和视觉途径传递信息的最直接、最有效的方式,也是最值得探讨的方式。

5. 接收者

接收者指信息接收者。信息接收者与信息传播者之间的连接可能是有意识的行为,接收者觉察到信息源的行为,做出反应,双方就建立了联系;双方的联系也可能是无意间建立起来的,信息接收者也可能由于偶然的机遇而截获或感知到进入渠道的信息源行为。无论哪种情况,信息总是以刺激人们感官的形式出现,通常以听觉或视觉的形式刺激信息接收者,激起信息接收者的反应行为。从跨文化语言交际来看,信息接收者一定是属于不同于信息传播者的另一种文化圈的交际主体。

6. 解码

解码指信息接收者将外界刺激的信息转化为意义的过程。解码是一种对信息加工的心理活动,通过对信息的理解或翻译,信息源行为就被赋予了意义。信息接收者在解码过程中,除了理解语言符号,还要解释附加的文化信息,从而准确解码。从跨文化语言交际来看,由于交际双方属于不同的文化圈,因此在解码过程中必然会进行"文化过滤",即通过自身的文化代码系统来解释所接收的信息,若对对方的文化符号不熟悉或不理解,产生误解甚至冲突就在所难免。

7. 反馈

反馈指信息接收者对所接收的信息采取的相应行为的选择。接收者可能对信息源行为听而不闻,视而不见,不采取任何行动;也可能立即做出反应而采取相应的行动。反馈行为表现为对对方陈述的评价,对对方疑问的应答,对对方要求的表态等。如果信息接收者采取的行为符合或接近信息传播者的预期,那么交际是成功的;反之是无效的。从跨文化语言交际来看,信息接收者的反馈与信息传播者的预期是否接近,取决于双方对彼此社会、文化和交往规则的熟悉程度和语用策略的运用能力。

三、关于语言的概念

(一)语言是交际工具

1. 交际媒介与语言符号

(1)交际媒介与符号。

为了生存、发展,人们需要进行各种各样的交换。比如商品交易就是一种典型的交换。最初,人们的商品交易是直接以物换物。《诗经》中有"抱布贸丝"的叙述,就是描述有人抱着布去集市上换取其所需要的丝。《孟子》中记载了孟子同农家学派许行的辩论,其中也讲到农家学派躬耕田亩,以粮食换取农具和生活用品的事实。不过,以物换物虽然可行,但极不方便,不利于远距离、大规模的商品交易,于是人们创造了商品交易的媒介物——货币。实际上货币是一种物化的有价值的"符号",可以作为物与物交换的中介,于是一手交钱,一手交物,方便快捷,人类的商品交易得以顺利进行。语言交际是人类社会必需的另一种交换活动,交换的是信息、思想、情感。语言交际也需要一种媒介,需要一种能代表确切含义的"符号"作为交际的中介。

什么是"符号"?简单地说,就是用某种能感知的形式来代表某种事物或现象的结合体。因此，符号由两个要素构成：一个是形式，必须是人们可感知的途径，如听觉、视觉、嗅觉、触觉、味觉等；另一个是意义，即这个形式所代表的事物或现象。形式和意义一结合，就成了"符号"。我们必须把符号同另一种现象区别开来。在山里赶路，看到远处炊烟袅袅升起，就可以知道那里有可以歇脚或投宿的人家；农夫察看天气，看到乌云密布，电闪雷鸣，意识到将有暴雨降临；中医诊断疾病，总是要号脉，看病人的气色、舌苔，闻他呼出的气息；刑侦人员破案，要收集指纹、脚印，记录和拍摄现场。远处的炊烟，乌云和电闪雷鸣，病人的脉象、气色、舌苔、口气，罪犯的指纹、脚印，这些也都代表某种确定的事物或现象，好像也是"符号"。其实，这些现象同我们讲的"符号"是不一样的，可以称为"征候"。"征候"是事物本身的特征，它同某种事物或现象有着天然的、必然的联系，可以让我们通过它来推知某种事物或现象。我们讲的"符号"，它的形式和意义却没有那种天然的、必然的联系，而是人为的，用什么样的形式代表什么样的事物或现象是社会约定俗成的。

在人类社会中，各种"符号"很多，它们在人类的交际活动中起着重要的作用。比如：古代的烽火是敌人进犯的信号；书信上插着的鸡毛是紧急的标志；男人给女人送上玫瑰花，是爱的象征；执法人员穿着各种制服，表明他们正在行使职责；煤气本无气味，却在里面添加了某种刺鼻的气体，以此作为危险的提示。最典型的是交通信号系统，它通过一组有色彩的灯光提示行人和车辆的行止：红色表示禁止通行，绿色表示可以通行，黄色表示准备行止。上述这些实例都有一个共同的特点：这些可感知的形式同其所代表的事物或现象没有必然的联系，而取决于社会的约定俗成。因此，我们也常常可以看到相同或相似的交际情景中不同的民族却使用不同的符号。比如中国人办丧事披麻戴孝，以白色为基调；西方人则穿着黑色服装参加葬礼，以表示肃穆和悼念。

人类语言是一种有声语言，用声音形式来表示意义，人们通过听觉途径来感知和理解话语。语言中的词及其排列次序就是一种符号，它能使听话者准确理解它所代表的事物或现象。如汉语中"人"，它的语音形式是 rén，是听觉可以感知的声音；它的意义是指所有的人，即"能制造工具并使用工具进行劳动的高级动物"。语言中的词就是这样的符号，是声音和意义结合的统一体，声音是语言符号的物质形式。整个语言就是由这种符号组成的一个系统。一个人脑子里贮存了符号和符号的组合规则，他就可以和别人交际，谈论各种事情了。当然，作为交际媒介也不一定就非得说话，非洲丛林密布，一些部落习惯用鼓声作为交际工具，他们利用鼓声的高低、长短及节奏的快慢来传递信息。西班牙有一个海岛峰峦起伏，这里的居民掌握一种特殊的语言——口哨语，通过口哨声音的长短、快慢和变化可以形成几百个音节，从而进行交际。

人类为什么选择声音作为符号的形式呢？这是因为它有三大优点：第一是使用方便。声音是每个人都能发出来的，本身没有任何"重量"，便于携带，人走到哪里，它就能"跟"到哪里，张嘴就能说，不需要任何专门的设备。第二是容量最大。几十个语音单位（音位）通过排列组合就可以构成几千个音节，组成数十万个词语，把现实世界中的所有事物或现象都表达出来。第三是效果最佳。说话只是动"嘴皮子"，可以大声疾呼，也可以慢声细语，古今中外，喜怒哀乐，不管多么复杂的道理、多么动人的感情，都可以通过语言表达出来。由于用声音作为语言符号的材料有着种种优越性，因而人类的祖先在长期发展过程中选用它作为交际工具的物质形式，有力地推动了人类社会的发展。

（2）语言符号的特征。

"符号"的一个基本特点是形式和意义的结合是任意的，两者之间没有必然的联系。那么语言符号是否也具有这样的特点呢？早在战国时代，我国就有了关于名实问题的争论，荀子对此给出了论断："名无固宜，约之以命，约定俗成谓之宜，异于约则谓之不宜。名无固实，约之以命实，约定俗成谓之实名。"意思是说，语言符号的形式和意义的结合取决于社会的"约定俗成"，而没有什么必然的、本质的联系。西方学术界争论的时间相当长，后来也基本认同了这个结论。恩格斯在《自然辩证法》中谈到这个问题时曾举过一些很有意思的例子："正"和"负"也可以反过来，"北"和"南"也一样。如果把这颠倒过来，并且把其余的名称相应地加以改变，那么一切仍然是正确的。这样，我们就可以称"西"为"东"，称"东"为"西"。太阳从西边出来，行星从东向西旋转等等，这只是名称上的变更而已。

总之，"约定俗成"点出了语言符号的本质。汉语中为什么把"能制造工具并使用工具进行劳动的高级动物"同 rén 这个语音形式结合起来,这是没有道理可说的,是由社会约定俗成的。如果我们的祖先当初不把这类对象叫作 rén,而叫别的什么,也完全可以。不同的语言用不同的形式来代表同一个事物,也证明了这个基本道理。改革开放以来,国内掀起了"外语热",大家争相学外语,有个老太太学了几个英语单词,很不理解为什么英语中对事物的称呼同汉语大不一样,讥笑他们"水是窝头(water)去是狗(go)"。其实把"水"这种事物或"去"这样的行为叫作什么,本来就没有什么规定,中国人叫 shuǐ 和 qù,英国人、美国人叫 water 和 go,取决于各自的约定而已。

"约定俗成"指的是某种社会群体的规约性。形式和意义的结合具有任意性,就是这种规约性的体现。它具有两重性:一方面,形式和意义的结合从本质上来说是任意的,用什么样的名称来指称什么样的事物没有必然的联系;另一方面,特定的名称和特定的意义一旦结合在一起,我们往往能发现它们之间结合的理由,这就叫作"理据的可探究性"。这两者是不矛盾的,好比生了个孩子,叫什么名字并没有特别的规定,只要能与别的孩子相区别便于指称就行;但实际上父母往往会慎重地考虑给孩子起一个满意的名字,或寄托某种希望,或蕴涵某种特定含义,或与某个有意义的事件发生联系,这就是起名的"理由"。语言符号也一样,比如从语源角度考察,"浅""贱""线""笺"都用了相同的声符,可见在造字之初它们的读音是相同的。为什么这些指称不同类的事物的名称读音会一样呢?原来水少谓"浅",钱少谓"贱",单根丝线叫"线",单张信纸叫"笺",它们都含有"量少"的含义,这就是传统训诂学所谓的"声同义通"。

任意性通常就单个符号来说的,符号的组合就不是任意的,而是有根据的。现代语言学的创始人索绪尔(Saussure)指出:语言符号的能指和所指的结合是任意的,是约定俗成的;但他同时用了整整一节的篇幅对任意性的概念加了一个重要的注解,即"符号可能是相对地可以论证的"。他认为应该明确区分绝对任意性和相对任意性。一个没有动因,或者说不可论证的符号是绝对任意的,比如法语的 vingt(二十);而一个有动因的符号则是相对任意的,比如法语的 dixneuf(十九),因为它会使人想起它赖以构成的要素和其他跟它有联系的要素 dix(十)加 neuf(九)。他进一步指出,限制任意性的可论证性包含在要素之间相互组合的句段关系及要素与要素聚合成类的联想关系里。以汉语为例,"铁"指一种金属,"路"指人或车行走的通道,这也许是任意的,但"铁路"指称用铁轨铺成的供火车通行的轨道,这就不是任意的了。

2. 交际工具与辅助工具

我们说语言是人类的交际工具,但不等于说人类的交际工具只有语言一种。除了语言之外,人类在长期的社会实践中还创造了很多交际工具,主要有以下三大类:

(1)文字。文字是记录语言的书写符号体系,是仅次于有声语言的交际工具。有声语言给人类交际带来极大的方便、快捷,但在时间和空间上受到限制。因为使用有声语言交际,交际双方必须同时处在听觉范围之内,听不到对方说话或不同时在交际现场,交际就无法进行。文字的创制使语言由凭听觉感知的口头形式转化成为凭视觉感知的书面形式,从而克服了语言在交际中所受到的时间和空间限制,大大增强了语言的交际功能。但是同语言相比,文字属于辅助性的,处于从属地位。首先,文字是记录语言的符号系统,离开了语言,文字就没有了依托。一个民族可以没有文字,但不能没有语言。今天世界上没有文字的语言比有文字的语言多得多,我国共有民族语言 70 种以上,而有文字的语言不超过 20 种。其次,从人类历史的发展来看,文字的产生才数千年,而语言已存在几十万年了,在这漫长的历史时期,我们的祖先就是靠语言来进行交际的。因此文字是在语言基础上产生的一种最重要的辅助性交际工具。从跨文化语言交际来看,书面形式的交际也是仅次于口头交际的重要形式,而汉字的独特性不仅表现在习得、使用的难度上,更表现为它承载了丰富的文化信息,是汉文化的结晶。因此使用汉字进行跨文化的书面形式交际,不但具有重要意义,也是跨文化语言交际研究的课题。

(2)盲文和手语。盲文和手语是同有声语言性质一致、功能相同的交际工具,只不过它们是属于特殊群体使用的交际工具。失明的人能习得语言,也能正常使用有声语言进行交际,但他们无法通过视觉途径阅读文字,在接受教育、感知信息时需要一种非视觉形式的符号系统来弥补他们感官上的缺失。盲文就是这样一种交际工具。盲人通过敏锐的触觉触摸盲文符号来进行"阅读",进而学习各类文化知识,扩大知识面,开阔自身的眼界。手语的使用对象是聋哑人,他们丧失了听觉,无法正常说话,只能利用手语来交际。手语不是一般人交际时伴随的手势,它是有规则的,不同的手势也可像有声语言那样分析出"语素""词"等单位,而这些单位可以按照一定的规则进行组合搭配,因此手语是一种视觉符号系统。不同民族都有手语,而且表现出相当多的共同特征,这表明了人类认知的共性;但也表现出相当多的差别,这是文化差异造成的。盲文和手语虽然不能同语言相提并论,但它们有效地解决了特殊群体的交际需要,因此同样具有重要的社会意义。

(3)旗语、灯语和号语。这些符号系统只在有限的范围内使用,因而它们能传递的信息也是有限的。旗语主要用于航海领域,利用两面双色旗通过人的姿势、动作表达一定的意思,大多是关于航海方面的专用术语以及致敬、回应、警告等单一的意思。灯语也主要用于航海领域,是夜间使用的通信工具,利用灯光闪现时间的长短及其组合表示一定的意思,与旗语相当。号语主要用于军事领域,是利用号声的长短及其组合传递信息,战场上的进退、军营里的作息都用号声传达。由于这类符号系统都只在特定的范围内使用,而且具有极大的功利性实用效能,它们的发展趋势是国际标准化,以便更好地为全人类发挥作用。

(二)语言是思维工具

1. 思维依托于语言

"言为心声",即《尚书》里说的"言者,意之声",按今天的说法就是说语言是用来表达思想的。在西方,不少哲学家、语言学家也持有同样的观点,认为语言是"思想交流的工具",是人们头脑中"内部状态的外部表现",句子是"表达一个完整思想的一系列词"。17世纪英国哲学家洛克(Lock)在《论人类理解》中写过这么一段话:"人们的思绪千变万化,自己和别人都能从中获得好处和乐趣。但是思维皆源于心胸,埋藏着,无法让别人看到,而且无法显露出来。没有思想交流便不会有社会带来舒适和优越,所以人们有必要找些外表能感知的符号,以便让别人也知道构成自己思想的意念。这样我们就能理解,人们为什么要用词来作为意念的符号,词用于这一目的是再自然不过的了。"从这段话中可以看出,作者认为意念是存在于心里的,假如人们不打算让别人了解自己的思想,那就不需要语言。可是人们生活在社会中需要交流思想,这才需要给意念找标志。词语正是因为被用来作为标志才获得了意义。

然而,这里有一个重要事实却被忽略了。太熟悉、太平常的事往往最容易被疏忽,大家天天在说话,人人都在使用语言表达自己的想法,谁也不会去想其中的"机制",人们只关注你说了什么和怎么说的,不太在意你想了什么和怎么想的。其实,"说什么"或"怎么说"固然重要,但更重要的是你"想什么"和"怎么想"。因为"说什么"和"怎么说"只是思考的结果,"想什么"和"怎么想"才是思考的过程。这里涉及一个重要命题,就是思维必须依赖于语言。

"思维"和"思想"不是一回事:思维是人们认识现实世界的过程;而思想是人们对现实世界认识的结果。用什么方法想问题、想得多想得少、想得到想不到,这种动脑筋去想的活动就是思维;而用不同的方法去想因而得到了不同的认识,想得多或想得少、想得到或想不到也都可能得到不同的认识,这些动脑筋想出来的结果就是思想。从这个意义上说,思维和思想并不是一回事。但思维和思想又有联系:因为不管怎么去想,总会想出来一些结果(没有结果也是一种结果);反过来,不管是什么样的结果,总是经过想的过程得出来的。从这个意义上说,思维和思想事实上又分不开。所以广义的"思维",既包括不同程度或不同阶段想的过程,也包括不同程度或不同阶段想的结果。

语言与上面说的想的过程和想的结果都有非常密切的关系。关于这一点,有人打了一个很形象的比方:就好像种庄稼得有锄头、镰刀等用于耕作的农具,否则就没办法耕种、收割。那么对于人们思维的过程来说,语言也就好像是锄头、镰刀这样的劳动工具,人们正是靠语言才能够去想问题,即进行思维活动的。又好像庄稼长成收割以后得有粮垛、仓库等用于存放粮食的地方,否则就不算收获,也不能供人们使用。那么对于思维的结果来说,语言就又好像是粮垛、仓库这样的存储工具,人们正是靠了语言才能够知道想了什么,即把思维的结果固定下来和传递下去。所以可以说,语言是思维的工具,思维的各个方面,即想的过程和想的结果,实际上都离不开语言。因为要表达概念,就得使用词语,比如要表达"商品"这个概念,就得使用"商品"这个词语;一些脱离具体形象的抽象概念,如"爱情""友谊""政治""经济"等,更得借助词语才能表达出来。而要进行判断或推理,就得用到单句,比如要表达"科学技术是第一生产力"这个判断,就得使用这样的句子;一些比较复杂的叙述和论证,如现在正在讨论的"语言与思维的关系"这个问题,更得借助许多句子,甚至是语段和篇章才可能说得清楚。

由于思维依托于语言,特定的语言形式还会对特定民族的思维产生反作用。日本学者中村元在他所著的《东方民族的思维方法》中,把语言、思维、文化联系起来考察,得出了许多精辟的见解。比如在谈到日本到现在还没有发展出用纯粹的日语来表述的哲学时,他认为原因在于纯粹的日语不像梵语、希腊语、德语那样适合于哲学的思索。因为日语没有完全确立抽象名词构成法,没有把形容词转化为相应的抽象名词的形式,日语中不存在动词不定式,也缺少关系代词,而这些语言形式是进行抽象思维的"工具"。因此当人们用日语进行严密的思考时就显得力不从心。他认为,由于这些语言体系中存在的不足之处,人们很难用日语进行准确的、科学的表述,妨碍了日本人逻辑思维能力的发展。

2. 语言取决于思维

语言是人创造的,是特定民族精神创造活动的结果。这种精神创造活动就是思维,表现为人对外在物质世界的感知和认识。不同的民族有不同的思维方式,人们在从事改造物质世界的实践活动(生产活动和社会文化活动)时的体验、感受和经验,莫不通过特定的思维方式反映在语言中。可以说,语言就是人类所建立的、通过特定思维方式所感知和认识的关于外在物质世界的镜像。按照学者们的说法,客观物质世界(存在)在人们面前呈现出由思维决定的语言"样本",语言本质上是"被领悟的存在"。

从语言产生的过程来看,是人类的精神创造活动导致了语言的产生。人类起源的历史就是人类创造性劳动形成的历史。创造性的劳动是人与动物区别的根本点,而语言正是在这一创造性劳动过程中产生的。原始人的群体劳动使语言的使用成为需要。改造自然的劳动使原始人对自然获得了新的观念,使人类的思维得以发生和发展,使语言构造所需要的意义单位得以形成。为了适应劳动的需要,直立行走的进化改造了人的发音器官,使人们能发出语言构造所需要的众多分音节的语音形式。当某些特定的音节与某些特定的意义在经常的使用中分别成为固定的单位,人们就创造出了第一批简单的词语。语言起源过程同类人猿进化过程是一致的。人类起源过程所创造的文化通常称原始文化,这种原始文化是原始人类思维发展的结果,没有原始文化的创造就不可能有原始的语言。

从现实语言的概念体系构成来看,也可以明显地看到人们对外在物质世界感知和认识的"痕迹"。唯物主义认识论的一条基本原理是"存在决定意识",那么通过人们的感知和认识,客观的"存在"应该与语言中反映出来的"存在"是一致的。但事实并非如此,因为语言中概念体系的构成取决于我们的思维,也就是取决于我们感知和认识世界的能力和方式。比如距离地球亿万光年的某个天体固然是一种客观"存在",但是假如尚未被我们所认知,没有编入语言的概念体系,没有赋予一定形式的语言符号,那么在我们的语言中就没有这样的"存在"。相反,客观世界中并不存在的许多事物、现象和事件,如上帝、神仙、鬼怪等虚幻概念,天堂、地狱、仙境的传说,神话和童话中虚构的人物和事件,却由于已经构成了概念和叙述,成了语言概念体系的一部分。

既然语言取决于思维,而特定的思维方式又形成了特定的文化,那么不同民族的文化差异导致语言差异就是顺理成章的了。文化人类学家沃尔夫(Whorf)关于霍比语和印欧语的对比研究就是一个很好的案例。沃尔夫把印欧语系语言看作一个同质的集合,称为SAE。他详细地考察了SAE语言和霍比语中关于"时间""空间"和"物质"等概念与语言结构的关系,考察了文化和行为的规范与语言类型之间的关系,认为霍比语和SAE语言有天壤之别,其差异不是语音、词汇、语法等方面的不同,而是不同思维方式导致的"质"的差异。如欧洲诸语言区分个体名词和物质名词,而在霍比语里一切名词都是个体的;欧洲诸语言把"物质""实体"和"形式"相对立,霍比语却没有这种对立;英语中 lightning(闪电)、wave(波浪)、flame(火焰)、meteor(流星)等表示的概念都是名词,而在霍比语里这些表示短暂性事物的概念都是动词。沃尔夫认为,SAE语言和霍比语的种种差异是同文化类型上的差异相联系的。

第二节　跨文化交际

一、跨文化交际的概念及学科背景

(一)跨文化交际的概念

"跨文化交际"的概念可以这样界定：在特定的交际情景中，具有不同的文化背景的交际者使用同一种语言(母语或目标语)进行的口语交际。

这个概念界定是明确的，它是立足于对外汉语专业的需要界定的，因而与一般的跨文化交际概念是有区别的。从上述概念界定来看，它包含以下几个要点：

1. 交际双方必须来自不同的文化背景

文化背景的差异是一个宽泛的概念，既指不同文化圈之间的差异，也指同一文化圈内部亚文化之间的差异。不过立足对外汉语专业，文化差异主要指不同文化圈之间的差异，尤其是中国和欧美国家的文化差异。因为从跨文化交际的实际情形来看，由于文化背景的差异导致交际失误，容易引起冲突的主要是中国和欧美国家的人际交往。中国同亚洲地区国家，如日本、韩国以及东南亚一些国家的人际交往，虽然也有文化差异的一面，但要顺利得多，这是因为这些国家与中国同属于东方文化圈，彼此之间在文化取向和交际规范方面有很多相通的地方。

2. 交际双方必须使用同一种语言交际

这是显而易见的，假如一方使用一种语言，而另一方使用另外一种不同的语言，交际是无法进行的。但是，既然交际的双方来自不同的文化背景，又要使用同一种语言，那么用来交际的这种语言对一方来说是母语，而对另一方来说必然是第二语言(习得的"目标语")。比如一个中国人与一个美国人交谈，他们可以选择使用汉语，也可以选择使用英语，这样他们就可以用同一种语言直接交际，而不需要通过翻译这个中间环节。这样界定的着眼点也是由对外汉语专业的特点决定的。

3. 交际双方进行的是实时的口语交际

跨文化交际的途径多种多样。可以是语言符号的交际，也可以是非语言符号的交际，如商品、画报、实物、影像、演出等其他物化形式符号的交际；可以是现场的双向交际，也可以是通过媒介的单向交际，如电视、广播、报刊、广告等传播方式的交际；可以是口语交际，也可以是书面交际，如信函、公文等的来往。从对外汉语专业来看，我们着眼的主要是实时的口语交际，即双方面对面的交谈。此外也包括伴随口语交际而可能发生的书面语交际，即文字传播方式的交际。

4. 交际双方进行的是直接的言语交际

当前国内的跨文化交际研究主要集中在外语教学界。外语教学当然要注重跨文化交际，但他们的研究中有一个很重要的方面就是翻译，包括口译和笔译。因为外语专业毕业的学生将有很多是从事对外交流工作，这项工作的要求之一就是能通晓两种语言，能在跨语言交际中充当翻译角色。换句话说，文化背景的差异主要由"翻译"这个中介来解决。而对外汉语专业却不一样，这个学科的任务是教会外国人说中国话，包括中国文化的对外传播，所以着眼点在交际双方的直接交际，而不是通过"翻译"这个中介来完成交际任务。因此我们基本上不涉及翻译问题，而侧重语用规范，通过了解对方文化的价值取向和行为规范，协调双方交际中涉及的文化因素，从而保证交际的有效性。

(二)跨文化交际的学科背景

跨文化交际是一门年轻的学科，它是在国际交往日益频繁、全球经济一体化的特定时代产生的新兴学科。在中国，跨文化交际研究是改革开放的产物，是汉语国际推广战略决策的需要。跨文化交际又是一门综合性学科，它是当代社会科学学科综合研究的结果，学科背景主要涉及文化语言学、社会语言学、言语交际学。其中文化语言学凸显"文化"的侧面，社会语言学凸显"社会"的侧面，而言语交际学凸显"交际"的侧面，这三个不同的侧面都围绕语言符号与非语言符号的"语用"这个核心。正是在这个基础上建立起了这么一门综合性的语言学科。

1. 文化语言学

文化语言学是从文化学角度对语言进行研究。它把语言看作民族文化的模式和构成民族文化的符号系统,旨趣在于揭示隐藏在语言形式、语言结构、语言运用和语言变化背后的文化内涵。文化语言学认为,人类的文化世界也就是语言世界,语言与文化有一种"互塑互动"的作用,要想透彻了解语言的文化属性、语言的文化功能以及文化对语言的影响,就必须深刻揭示语言与文化的关系。因此,语言与文化的关系就是文化语言学研究始终关注的焦点,也是文化语言学的研究对象。

文化可以分为历史文化和现时文化。历史文化是人们往昔的文化活动的轨迹,现时文化是人们今日所从事文化活动的状态。然而文化是属于意识形态范畴的东西,人们的文化活动又是一个代代相传、连续不断的过程,历史文化和现时文化之间不可能判若鸿沟。历史文化是现时文化的渊源,现时文化又是全部历史文化当今时代的投影。任何民族的文化发展和变异都不仅不可能摆脱历史文化的影响,而且还必定要以对历史文化遗产的批判继承为根据和前提。在古今各个文化阶段中连绵不断、一脉相承的成分,就构成了这一民族的文化传统。

语言是一种精神产品,是人类心智活动的成果,又是民族文化的表现形式之一,它和人类文化的其他形式一样,具有历史的连续性和继承性。然而语言又有变化发展的一面,这种变化发展的结果形成了古今语言间的明显差异。文化语言学不仅要探讨现代语言和现时文化的关系,还要探讨古代语言和历史文化的关系;不仅要研究现代语言和历史文化的关系,也要研究语言变化同文化变化的关系。然而文化语言学对已成为历史陈迹的古代文化的某些方面的发掘,既不是要"发思古之幽情",也不是为了猎奇览胜,而是出于建设新时代的新文化的需要。

跨文化交际研究中关于民族文化的阐述,关于文化与语言的关系的阐述,很多都来自文化语言学的研究成果。不过文化语言学的研究通常侧重某种特定民族文化和某种特定语言之间的关系,而不关注跨文化、跨语言的研究,这个领域正是跨文化交际研究的领地。

2. 社会语言学

社会语言学是研究语言与社会的关系的一门新兴学科。它从不同的社会科学

（社会学、人类学、民族学、心理学、地理学、历史学等）角度来考察语言，进而研究在不同的社会条件下产生的语言变异。"不同的社会条件"是一种变素，而"语言变异"也是一种变素，因此我们可以把社会语言学看成是研究社会与语言的共变的一门学科。

社会就是以共同的物质生产活动为基础而相互联系的人类生活共同体，是人们交互作用的产物。这个定义揭示了社会的本质属性。但从社会语言学的关注点来看，可以把社会定义为"任何为某种或多种特定的目的而结合在一起的人的群体"。这个定义比较宽泛，涉及面也比较宽广，但是很有用。因为在讨论社会语言学时必须考虑到多种多样的社会、多种多样的社会集团。在中国历史上，除了较早时期以外，"社会"这个概念始终是与集团有关的。对于社会学家、政治学家和历史学家来说，他们或许关心的是社会的本质属性；但对社会语言学家来说，关心的是它的群体性和集团性。

语言是一个特定社会的成员所说的话，这个定义是简明扼要的，但又是不完整的。当我们试图去描写一个社会的语言时，能拿来讨论的"语言"这个概念本身就有问题。语言不是为人类世界原已存在的种种事物增设标志或名称的单纯汇集。每一社会集团都生活在多少不同于其他社会集团的社会中。这些差别既反映在言语社会的文化组成成分中，也反映在它们的语言系统中。有时候，一个社会是多语的，许多人会使用不止一种语言；而同一个人，几乎毫无例外地会随着环境的变化而调整自己的语言。

语言和社会不是各自独立的，它们之间存在着错综复杂的关系。语言是在特定的交际环境中历史地形成的。它既起源于物种的个体发生，也起源于全人类的进化和每个人的生命史，还起源于社会交际行为。语言和社会的关系是辩证的，语言是人类通过交际来应付生活、应付世界的前语言和原始语言这个序列的产物，因此语言与社会的关系的研究将把我们引入一个广阔的研究天地。

跨文化交际研究中关于社会关系的阐述，关于社会角色与言语行为的关系的阐述，很多都来自社会语言学的研究成果。不过社会语言学的研究通常侧重某种特定社会形态和某种特定语言之间的关系，而不关注跨社会、跨语言的研究，这个领域正是跨文化交际研究的领地。

3. 言语交际学

言语交际学是研究言语交际现象及其规律的学科,是一门语言学分支学科。言语交际学的出发点和落脚点是语言的使用,它研究语言用于交际的动态形式,揭示其语用规律,因此它从一开始就是站在语言科学阵地上来考察言语交际现象的。

语言学界已经取得这样的共识:人们用来互通信息、交流思想的语言,是人类社会所独有的一种特殊社会现象。其特殊性就在于它是专门用来交际的,语言的生命力和存在价值就在于交际;离开了人们的社会交际,语言既不可能产生,也不可能存在和发展。"语言是人类最重要的交际工具"这个定义就是着眼于语言的社会本质,从交际功能的角度做出的科学概括。语言的社会实践,就体现于言语交际活动中;语言的交际功能,实际上是一种社会功能。这是它的基本功能,其他功能都是由此而派生出来的。

言语交际学正是抓住语言这一社会现象的特殊性,从交际的角度来研究语言,而不是把语言以外的其他社会因素列为研究对象,即使涉及有关社会因素,目的还在于考察这些因素对言语交际所产生的影响,主要是对语言进入交际以后在结构和功能上所产生的影响。这是作为语言学分支学科的言语交际学和作为社会学分支学科的各种交际学在学科性质上的分水岭。这当然没有什么高下之分,只是出于明确学科自身性质的目的,不得不先把言语交际学从各种属于社会学的"交际学"中划分出来,使其在一片"向外拓展"的呼声中能保持清醒的学科意识,不致偏离语言学。

跨文化交际研究中关于交际规范的阐述,关于语境因素与语用规则关系的阐述,很多都来自言语交际学的研究成果。不过言语交际学的研究通常侧重某种特定语言系统和某种特定语用规则之间的关系,而不关注跨语言、跨语用的研究,这个领域正是跨文化交际研究的领地。

二、跨文化交际研究的时代必要性

(一)全球一体化的时代特征

20世纪人类的科学技术有了突破性的发展,这极大地改变了世界的格局和人类的生活方式。现代交通高速发展,航班日益增加,游轮频繁出入,火车屡屡提速,高速公路纵横交错,家用轿车以更快的速度、在更大范围内普及,这使得人们之间的交往空前频繁。现代通信技术高度发达,移动电话的迅速普及,可视电话的广泛应用,使得人们之间的沟通绝对畅通。尤其是电脑的普及和国际互联网的诞生,使人类的生活形态进入了一个崭新的时代,突破了以往生活功能空间的限制,办公无纸化、商务电子化、生活网络化、沟通互动化等无不在人们眼前展现一个"虚拟的世界"。这些巨大变化的一个核心就是人和人之间的时间、空间距离被拉近了,巨大的地球被压缩成一个小小的"地球村",人们可以像村民在小村子里一样,随时、随地地串门、聚会、交往、沟通。

与此同步,全球经济一体化的进程也日益加速。经济是一个国家、一个民族、一个地区的命脉,围绕着经济的发展,国家、民族、地区之间在政治、文化、科技、贸易等方面的交往日益频繁。这种交往可以表现为合作、援助,也可以表现为交涉、斡旋,乃至于冲突、战争,使得世界日益形成一个多元化的格局,而且变得精彩纷呈、变化无穷。事实表明,无论是哪种类型的交往,万变不离其宗的是大家必须沟通,需要接触、会晤、谈判、协商、讨论,这就是外交舞台特别精彩的根本原因。所有这些所谓的"外交"都是典型的跨文化交际,因为尽管现代科技的发展拉近了人们之间的时间和空间距离,却无法拉近人们之间的心理距离。不同的国家、民族由于不同的历史渊源、不同的社会习俗,形成了特定的文化背景,特定的文化背景又形成了不同的价值取向、思维方式、社会规范、语用规则,这些因素给跨文化交际带来的潜在的障碍、低效率的沟通、相互间的误解以及可能导致的文化冲突,都会给人类带来不必要的灾难。

跨文化交际作为一门新兴的边缘学科,正是在这样的时代背景下产生的,这个领域的研究无疑是为了适应这样一个日益发达的跨文化国际交往和人际交往的需要应运而生的。因此这门学科必须研究不同文化背景形成的价值取向、思维方式的差异,必须研究不同社会结构导致的角色关系、行为规范的差异,必须研究不同民族习俗所积淀的文化符号、代码系统的差异,必须研究不同交际情景制约的语用规则、交际方式的差异。所有这些研究不但要进行深入的理论探索,还要注重实际的应用研究,这样才能使这门学科更科学、更完善、更丰满,从而更好地为这个时代服务。

(二)汉语国际推广的战略需求

新中国成立以后,出于国际交往的需要,政府有关部门即开始组织、实施对外汉语教学,至今已经历了半个世纪。20世纪80年代改革开放以后,随着中国经济的腾飞,综合国力和国际地位的提高,"汉语热"掀起了高潮,我国的对外汉语教学事业出现了突飞猛进的发展。2005年7月我国的对外汉语教学又进入了一个新时期,以北京首届"世界汉语大会"的召开为契机,我国的对外汉语教学在继续深入做好来华留学生汉语教学工作的同时,开始把眼光转向汉语国际推广,即不但要把留学生"请进来",更要把对外汉语教师"派出去"。这在我国对外汉语教学发展史上是一个历史的转折点,是里程碑式的转变。国家汉语国际推广领导小组强调要突出重点,切实加强汉语国际推广能力建设,切实加强师资队伍建设,突破教材开发瓶颈,继续加快孔子学院包括网上孔子学院的建设,大力提高市场运作能力。决心解放思想,创新体制,通过5至10年的努力,使汉语国际推广体系更加健全,体制更加灵活多样,从而更好地满足海外汉语学习的需求,促进我国与世界各国经济、文化的合作与交流。

国家的这个战略决策意味着将有越来越多的教师通过国家公派或校际交流途径赴国外从事汉语教学,而作为TCFL(即在非目标语环境中进行的、将汉语作为外语的教学)的教师面临的一个挑战就是必须具有很强的生存能力和适应能力,也就是说必须具有很强的跨文化言语交际能力。2006年国家公派出国教师的选拔工作无论在形式上还是在内容上都有了很大的改革,除了专业测试外,还有外语测试、心理测试等;除了进行试讲外,还要组织通过录像评课。在面试中不但强调教师的跨文化交际知识与能力,还有专家来评估教师在国外工作应具备的适应能力。这就要求我们对跨文化交际的研究能跟上时代的步伐,适应形势的需要,因此加快、加深这个领域的研究势在必行。跨文化言语交际的研究不但要有理论上的拓展和深化,还要在应用研究上下功夫,这对跨文化交际学科来说,不但是挑战,更是迫在眉睫的时代需求。

四、跨文化交际的有效性

不同文化背景的人之间常常发生着各种跨文化交际行为,交际双方有时是推心置腹的言语交谈,有时是唇枪舌剑的言语交锋,有时是表情手势的非言语交流。这些交际行为的效果往往是不一样的。信息的发出者和接收者进行的上述潜在过程要做到完全一样,即使是具有相同文化背景的两个人也几乎是不太可能的。因此,交际效果不是平常所说的是否理解了对方的意思和表达出了自己的意思,而是多大程度地分享了信息和多大程度地降低了误解。

交际过程中的编码、解码、信息发送者、信息接收者、渠道、噪音等都是影响交际效果的要素。在跨文化语境中,信息的发送者和接收者具有不同的文化背景,他们习惯了各自的认知、思维方式,其编码、解码的过程和方式也常带有各自文化的烙印。比如美国人直来直去的交际风格常常让习惯于含蓄委婉的中国人和日本人觉得不适应甚至难堪。

有效的交际指的是信息接收方在任何语境下能够理解信息发出方的意图并做出合适反馈的交际。当然,这种相互理解也只是相对的,我们可以把理解说成是最小化的误解交际的有效性与类似的意义诠释密切相关,即双方是否对同一信息做出了相当类似的解释。成功的交际就是双方做到相互理解,但相互理解并不是指双方意见达成一致。双方虽然做到了相互理解,但意见达成一致和保持分歧都是有可能的。不论是相互理解还是共同的意义赋予,都反映了交际者的交际能力。

交际中的误解是指双方对同一信息所做出的诠释不一样。这种误解虽然不能完全避免,但交际并非就此无法进行下去了。要做到有效的交际,一是要有"类似的意义诠释"。交际双方应该掌握对方语言,了解对方文化。若是精通对方的语言,能流利地与之用其本族语对话,比不太懂外语或要借助他人翻译的交际,效果通常会更好。古迪昆斯特曾说:"我们侧耳倾听,推测被叙述的事情,然后应用社会背景知识,联想与之相关、可能发生的情况,之后做出对方到底是表达什么意图以及表示何种态度的判断。"在这一过程中,语言、文化知识的作用无疑举足轻重。二是要相互理解,既要力求"己所不欲,勿施于人"——同情(sympathy),也要尽量"人所不欲,勿施于人"——移情(empathy)。后者在跨文化交际中极为重要。与异文化的人打交道,也许你并不了解对方文化的价值观、思维模式、风俗习惯或是简单的好恶,但只要多站在对方的立场和角度,揣摩对方的意思就会容易得多,也能避免民族中心主义的倾向。

总之,有效的交际不是通常意义上"达到目的的交际"或"达成一致的沟通",即使是一方拒绝了另一方的要求,但双方对对方的意图清楚无误,交际就是有效的。而要做到有效的交际或改善交际效果,最根本的就是要培养跨文化交际能力。

五、跨文化教育与多元文化教育

联合国教科文组织描述:多元文化,是人类社会文化多样的自然状态,它不仅指族裔的或者国家的文化元素,而且包括语言的、宗教的和社会经济的多样性;跨文化是一个动态概念,指的是文化群体之间的关系,它被定义为"不同文化的存在和公平的互动,以及通过对话和相互的尊重产生出共享的文化表达的可能性"。跨文化以多元文化为先决条件,产生于地方、地区、国家和国际层面上的"跨文化的"交换和对话。

多元文化教育是通过学习其他文化,以接纳或者至少容忍这些文化;跨文化教育的目的是超越被动的共存,在多元文化的社会通过创造不同文化群体间的理解、尊重和对话,获得一种发展的和可以承受的生活在一起的方式。跨文化教育不是简单地"附加"在普通课程上,它需要整体考虑学习环境,以及教育过程的其他方面。

1992年,联合国教科文组织在国际教育大会上发布《教育对文化发展的贡献》，提出跨文化教育的目的是"减少各种形式的排外现象，促进融合以及学业成就，提升对文化多样性的尊重，提升对他者文化的理解，提升国际理解"，同时强调国际理解的教育建立在"了解文化身份的多样性和价值，无偏见地对待其他文化并尊重人类的差异"上。

联合国教科文组织将多元文化教育包含在跨文化教育中。跨文化强调不同文化之间的动态联系。多元文化指多种文化并存，多元文化并不一定是跨文化，因为很有可能各种文化并存而没有互动。跨文化则必定以多元文化为前提，没有多元文化就没有跨文化。

在研究和实践领域中，多元文化教育的概念快速地转换为跨文化教育的概念。这一转变源于20世纪80年代对多元文化教育的双向打击。首先，民族主义者认为学校的实践和知识应该包含国家的知识并且只包含国家的语言、宗教、文化和价值观；其次，持更加多元角度和观念的人们，认为多元文化教育并没有足够直接地指向种族主义问题，而只是提供了一些象征性的对非主流文化知识的理解，将文化差异贬低为学习印第安人的圆形卷饼、印度的纱丽、特立尼达和多巴哥的钢鼓乐队。正是这种转向，为跨文化教育提供了一次新的起点。

六、影响跨文化交际的因素

布莱恩·斯比茨伯格和克拉姆西所描述的跨文化交际能力是指通过系统的外语和文化教学培养出来的理想化的跨文化交际者所具备的能力。然而，在经济和文化迅速全球化的今天，国际交往变得非常频繁和平常，跨文化交际不可避免，我们在短时间内还来不及培养出足够数量的跨文化交际人才。不少学者在现实生活中对外语学习者进行了观察以后发现，在跨文化语境中能与外国人进行无障碍交流的人甚少，绝大部分人的交际有效性和适宜性受到多种文化因素的影响。

(一)语言的局限性

不同文化的人之间进行交际的时候，首先遇到的问题就是语言中的文化障碍，尤其是双方不具有共同的语言的时候，语言中的文化障碍就变得非常明显。即便是互相具有共同的语言,双方文化不同,语言障碍仍然会在各个层面产生,这是因为词汇、发音、语义概念以及与语言相关的文化问题等多重因素的缘故。

(二)思维方式差异

各民族的思维习惯的形成都有赖于相应的文化环境。文化环境的主要因素有生产方式、历史传统、哲学思想和语言文字等。其中语言是感知和认识世界的重要手段,同时对语言的理解和掌握也是感知的重要部分。也就是说,一方面语言体现思维;另一方面,语言习得也是影响思维习惯形成的重要原因。心理语言学家认为,人类认知结构都是相同的,但是由于各民族生存的文化环境不同,使用的语言不同,其思维方式是有差异的。

语言哲学家们对这个问题很感兴趣:一个群体的世界观和精神活动在多大程度上依赖于或受制于其语言?认为语言的确影响其使用者的思维过程的理论被称为语言相对论。有些学者提出,不同的人有不同的语言是因为他们有不同的思维方式,他们有不同的思维方式是因为他们的语言为之提供了不同的表达方式。

象形文字是中国人形象思维突出的一个重要原因。汉字以形写意,形声一体,是平面文字。汉字很多字和字符的认知由图像识别开始,以图像的感知为基础,之后发展到汉字字意的认知阶段。而像英语这样的音素文字,其符号与意义没有直接联系,它通过声音间接地表达意义。从语言的表达习惯看,汉语是缺少严格意义上的形态变化的无标记语言(何兆熊、梅德明,1999)。汉语的词汇意蕴丰富,有时句法会给丰富的语义关系让步,主观性强。汉语不注重形式,句法结构不必完备,动词的作用没有英语动词那么突出,重意合轻分析。对汉语句子的理解一般要靠语言环境、说话人的心态以及文化背景等方面因素的整体把握和约定俗成,是"人治"。而英语形态较丰富,客观性强,这就使其语言有扎实的形式逻辑基础。英语高度形式化、逻辑化,句法结构严谨完备,是"法治"。英语的句子以动词为核心,其主干旁支结构分明,主从成分层次明晰,全句形式严谨,逻辑关系明显。中国人在习得汉语的过程中,受汉字符号特性的影响,形成了突出的形象思维习惯。而英美人士在英语习得过程中,受英语文字符号特性的影响,形成了逻辑思维优先的习惯。

(三)交际风格差异

交际风格是指人们在传递和接收信息时喜欢或习惯采用的方式。综合中外学者关于交际风格的研究,中美交际风格差异可概括为:直接与间接差异;线性与圆式差异;自信与谦卑差异;沉默寡言与侃侃而谈差异;详尽与简洁差异;人和任务为中心与关系和地位为中心差异。一般来说,美国人在交际时倾向于直截了当,开门见山,一步一步,直奔主题;而中国人则习惯拐弯抹角,声东击西,兜圈子。中国人相信沉默是金,少说多听,言多必失,谈话时往往表现得非常谦卑,在谈到主题时经常是点到为止,简洁扼要;而美国人则崇尚自信,相信只有通过言语,进行详尽严密的交谈,才能达到交流和解决问题的目的。最后,美国人喜欢就事论事,不太注重社会文化因素和人际关系对交谈主题的影响;中国人则对交谈双方的地位关系非常敏感,所谓见什么人,说什么话。因此在中国文化中,人际交流的主要目的之一就是建立和促进两人之间的关系,交谈的内容也尽可能以有利于建立和谐的关系为原则。中美两种文化的交际风格差距很大,如果两国人民互不了解对方交际风格,交往过程中免不了文化冲突。美国人会觉得中国人不真诚,办事缺乏效率。中国人会觉得美国人自负、无礼。如果中美双方事先对交际风格差异有所了解,交际时有意识调整自己,定能取得良好的交际效果。

(四)价值观差异

价值观是指某一社会中或者某一文化中由人们的信仰、世界观、行为准则、认知模式、道德标准、处世态度等构成的一套系统,即价值观念系统。克鲁伯和克拉克洪提出的"内隐文化",其核心就是价值观。价值观是我们自身文化的一部分,是从小习得的结果,可以说我们的交际行为的深处存在有价值体系。价值观是文化的重要构成要素,与交际有着密切的关系,我们能够通过言语行为和非言语行为发现价值观。

(五)民族中心主义

民族中心主义这一术语源自认知心理学。它是指人们在交往过程中不知不觉地用自己的文化标准来判断他人的言行,认为那些不同于自己文化习俗的行为都是不好的。与之相反的概念是民族相对论。民族相对论思想是指对不同的价值观念、文化习俗和言语行为表示理解和宽容,并能够根据不同的交际对象和场合,调整自己的行为和判断标准。具有民族相对论思想的人相信文化之间只有相同和不同之说,无优劣之分,人们不能对不同文化进行好坏优劣的评判。里维因和坎贝尔认为民族中心主义思想是人的本质。心理学研究显示,人人都有民族中心主义的倾向,其影响具有两面性:一方面,它在一定程度上能促进民族团结和社会进步;另一方面,它又构成跨文化交际的一大障碍,因为它将一个文化群体的人们聚集到一起,而排斥另一个文化群体的人们,这种状况很不利于文化交流。其次,民族中心主义崇尚自己的价值观和信仰,蔑视其他价值观和信仰。民族中心主义会导致不信任、冲突甚至敌意,从而影响跨文化交际的顺利进行。所以,跨文化外语教学的任务之一就是帮助人们认识民族中心主义思想的存在和负面影响,培养民族相对论思想。

第三节 文化教学的原则与策略

语言教学在中国可谓历史悠久,古人学习四书五经,是希望使自己的语言精练犀利、富于思想。随着社会的进步与发展,国际交流的机会增多,掌握一门或几门外语已成为衡量人才的一个必要条件,外语教学也随之发展。早期的中国外语教学工作者对于外语教学理论的探讨并不重视。然而,经过时间的验证,人们发现单纯的学习语言不能满足跨文化交际的需要。语言是一种交流工具,学习语言的最终目的是交际,在真实交际中,仅掌握语言知识,即语法正确、语音标准是不够的,交际发生在语境中,很大程度受文化的影响和制约。

一、文化教学的目标与内涵

文化教学致力于传授人们交际或与外语教学有关的文化知识,也就是研究两种社会文化的相同和不同之处,使学生对文化差异有较高层次的敏感性,并把它用于交际中,从而达到成功交际的目的。文化意识和跨文化交际能力的培养需要教师的帮助和引导,需要在英语课堂教学过程中,把文化教学融合于语言教学的长期努力。传统意义上的文化教学是教授目标语国家的历史、地理、国家机构、文学艺术以及影响理解文学作品的背景知识。

文化教学不仅仅是讲授不同国家的文化现象或者传授给学生一些文化事实,还要培养他们的跨文化交际能力。如果学生只是死记硬背一些文化事实,往往会造成在跨文化交际过程中因循守旧、不擅变通的后果,因为文化不是一成不变的。只有真正掌握跨文化交际的原理和技巧,才能以不变应万变,达到得心应手地进行跨文化交际的目的,这才是文化教学的真正内涵。

二、文化在语言教学中的重要性

外语学习由几部分组成,包括语法能力、交际能力、语言的准确性和对本族文化及其他文化的态度转变。无论对于研究者还是普通外语学习者而言,文化能力,即有关风俗、习惯、信仰和意义系统的知识,毋庸置疑地应该成为外语学习不可分割的一部分,许多教师已经把文化教学作为一个教学目标融入语言课程中。在过去十年中已经受到足够重视的交际能力,强调的是"语境"的作用,认为在不同情境中交际者应该得体地运用语言。语境中蕴含着文化规则,发生在具体语境中的交际行为受文化的限制,所以为实现有效、得体的交际,交际者既要了解语言的语法知识(语法能力),又能够解读语境中暗含的文化意义(交际能力或文化能力),两种能力相互补充形成交际能力。

把语言仅仅当作一种符号,只学习语法规则无疑是一种错误的观念。在某种程度上,如果只对与语言有关的社会动态给予关注,而不能对社会和文化的结构有深远的洞察力,也可能导致跨文化交际中的误解。所以,外语学习就是外国文化的学习,在外语课堂中应该教授文化,这是毫无疑问的。值得争论的是"文化"的含义是什么,怎样才能将文化融入语言教学中。

文化语用失误比单纯的语言错误更容易在跨文化交际过程中造成不良影响。因为受话者很容易发现表面的语言错误,如语法错误、语音不准确等,这种错误一旦被发现,受话者充其量认为说话者缺乏足够的语言知识,可以谅解,甚至会对说话人敢于交谈的勇气表示钦佩。而对于文化方面的语用失误,受话者却不会像语法错误那样看待。如果一个能说一口流利外语的人出现语用失误,他很可能被认为缺乏礼貌或不友好。他在交际中的失误便不会被归咎于语言能力的缺乏,而会被看作粗鲁或敌意。所以,外语学习者在学习一门语言时不应忽视目标语文化。随着文化在语言习得中的重要性逐渐被肯定,语言教学研究者和工作者开始进一步探讨如何能够有效地在外语教学过程中渗透文化知识,于是就产生了"文化教学"这一概念。第二语言教学的目的主要是培养学生把语言作为交际工具来掌握。寓语言教学于文化背景的目的之一是发现并排除干扰语言交际的因素。不同文化层上的语用失误贯穿于英语学习和使用的每个阶段,因此,不同阶段的语言教学应与不同层次的文化教学有机地结合起来,从而建立一个相应的文化认知系统,以使学生英语水平得到全面提高。

三、文化教学的原则

鉴于文化概念的复杂性和文化内容的广泛性,语言教学中添加文化教学内容或者渗透文化知识应该遵循一定的教学原则。

1. 实用性原则

所谓实用性是指文化教学应结合语言实际,由于文化是不断变化的,所以文化教学内容应是"共时"文化。文化教学过程中教师应尽量将文化背景知识具体化、形象化,避免过于抽象的讲解,否则学生会认为文化内容与日常交际脱钩,无实际应用价值。只有所学的文化内容与其在日常生活交流中所涉及的主要方面密切相关,才能激发学生学习英语的兴趣。

2. 阶段性原则

阶段性原则实际上就是要求文化教学的内容应遵循"由浅入深、循序渐进"的原则,学生的语言水平、接受能力因年龄而异,所以在文化教学内容的选择上应遵循"由简单到复杂,由现象到本质"的特点,先从表层文化入手,再逐渐渗透价值观念、宗教本质等深层文化。

3. 适度性原则

课堂所讲的文化知识点必须与课文内容密切相关。如果脱离课文讲文化则冲淡了语言教学的目标,其结果是既讲不好文化又教不好英语。文化是包罗万象的,内容广而杂,教师应鼓励学生自己进行大量课外阅读,增加文化积累,以培养学生自主学习的能力,使其终身受益。

四、文化教学的内容

实际上,文化教学应该贯穿于语言教学的每个阶段。语言教学既然最终以语用为目的,就必然涉及语言文化的教学。文化因素与语言形式的难易并不一定成正比,简单的语言形式也可能导致语用与文化方面的问题,教师在教学中要自始至终注意结合语用和文化因素,把语言形式置于社会语用功能的背景下进行教学,就能使语言知识富有生命力,使学生逐步提高跨文化交际能力。在教学中,我们应以系统性为原则让学生学到较为全面的文化知识,为培养学生的跨文化交际能力奠定扎实的基础。具体到课堂教学,文化教学可以概括为以下四点内容。

(一)教学中注重介绍词语的文化内涵

语言词汇是最明显的承载文化信息,反映人类社会文化生活的工具。词汇是语言的建筑材料,是理解文化的基础,也是学生在听力、阅读等方面的主要障碍。文化意义是指某一文化群体对一客体本身所做的主观评价,同一客体在不同文化的人中产生的联想意义不同。词语在文化上的差异是学好外语的一大障碍,因此,在词汇教学中要注意词语的文化意义在目标语和母语之间的对比。

(二)文化背景知识

背景知识是英语文化的重要组成部分。研究表明,在阅读过程中,理解文章的关键在于正确地使用已有背景知识去填补文中一些非连续实施空白,使文中其他信息连成统一体。英语语言国家的民族文化、社会行为模式、历史、地理等方面的知识是学生产生合理的推测和联想的基础,有助其更好地理解文章的含义。

(三)教学中介绍英语的交际习惯和行为方式

文化制约着人们的一切行为,包括语言行为。不同文化背景有不同的语言习惯和行为方式,在教学中要注意培养学生对目的语与母语在交际习惯和行为方式差异方面的敏感性,提高学生跨文化交际能力。

例如,在日常交往中英语国家的人喜欢谈论天气、地理位置等话题,而把年龄、工资、婚姻状况等作为禁忌的话题。中国人喜欢用"你吃了吗""去哪儿呀"来打招呼寒暄,而英语中"Have you had your lunch"(你吃了吗)则表示向对方发出邀请的意思。再如,中国在接受礼物时,习惯推辞几次才接受,当着客人的面打开礼物被认为是不礼貌的,而英语国家的人则习惯当场把礼物拆开,并且要赞美几句。教学中要让学生了解差异并以本族人的观点去理解目标语文化,使他们具备进行得体而有效的跨文化交际的能力。

(四)教学中比较价值观念和思维方式

在跨文化交流中,由于交际者双方都有各自的价值观念和思维方式,因此经常出现矛盾和冲突,导致跨文化交际难以顺利进行。价值观是任何社会和文化中的人们生活的准则,思维方式和道德标准是文化的核心内容。东西方截然不同的价值观赋予了两种语言以不同的文化内涵。中国文化强调集体主义、权利距离、人际关系和谐、人与自然的和谐等;而英语文化则重视个人主义、人人平等、坦率直言等。东西方主要文化模式的差异反映了不同的价值观。在教学中,要使学生了解中英两种语言在价值观念和思维方式上的异同,使学生能在交际中做出正确的预测,完成有效的跨文化交际。

五、文化教学的模式

要有效地开展文化教学,首先必须找到行之有效的教学方案或方法。事实证明,教师不可能在讲每一个语言项目时都把与之相关的所有语用功能全部介绍给学生,这是违反认知规律的。目前我国外语教学的弊病之一就是教师不厌其烦,力求一次讲全、讲透。在介绍一个新语言项目时,往往以点带面,全面开花,字典搬家。应试教育和结构主义理论的影响更起了负面推动作用。交际法教学注重语言功能训练。具体语言形式的功能会随语境的变化而变化,使用中涉及很多相关的社会因素,只有逐步介绍、训练,循环往复,学生才能体会到不同语境中语义的差异并逐步掌握,进而形成语言能力。

将文化引入到教学当中是一次由"传统"向"科学"改革的重要尝试。早期的语法翻译法在外语教学中的效度越来越受到语言教学者和教学研究者的质疑。语言学和心理学的发展别开生面地为语言教学提供了科学的理论根据。人们开始意识到语言本身和语言的使用情境是不可分割的,形式和意义应当在语言的使用过程中同时学习。

人类学和社会学的发展也为文化教学开辟了新的方向。第二次世界大战期间,受人类学和社会学领域内的进展影响,"地域学"在美国许多大学涌现出来。1940年前后,西方工业国家的人类学家采用实地调查人种史的方法,对许多土著文化进行研究,得到许多惊人的发现。与此同时,社会学和社会心理学的进展速度也相当可观,其研究成果与人类学发现被一起应用到外语教学中的文化教学方面。

交际教学是在欧洲首先流行起来的,美国的"语言革命"对欧洲的语言教学产生了极大震动,如何发掘语言的功能和交际潜力成为语言学家们关注的焦点。欧洲共同体的形成也为交际教学在欧洲的发展推波助澜,20世纪60年代中叶到20世纪70年代初期,随着各国相互依赖的关系日益强化,欧洲共同体的协同经济发展使就业机会大大增加,一些国家出现技术人员或劳工缺乏问题,便由吸引共同体内他国的移民来解决。怎样帮助移民劳工在新的文化环境中立足,在最短的时间内有效地掌握所在国的语言文化成为迫切需要解决的问题。于是在欧洲委员会的鼓励下,语言学家们开始研究一种语言学习系统。1972年,英国著名语言学家 D. Wilkins 根据她对语言功能和语言交际的剖析,写出了影响深远的《意念大纲》,为英语教师提供了教学指导,使交际教学在欧洲开始盛行。

交际法虽然起源于欧洲,但很快就被北美和大洋洲接受,到了20世纪70年代已扩展到世界各地。与兼并式教学法相比,交际法中的"文化部分"不再是明显的文化知识的介绍和讲解,与目标语相关的文化教学是通过让学习者模拟外国人在交际中使用目标语来实施的,交际中的文化主要表现为语言行为。"文化作为行为"的观念自始至终体现在教学过程中。交际法强调了语言的社会功能,自然地将文化教学和语言教学连到了一起。语言和文化通过交际行为的自然融合,解决了人们对兼并式教学法中文化不一定需要用目标语讲解的疑问。

冷战的结束和全球化的来临使世界进入了一个前所未有的发展阶段。建立一种和谐的国际关系是经济和政治发展的共同需要。全球化使世界各国的文化在一个大环境下产生鲜明的对比,一些经济强国依赖高科技和先进的媒体使自己的文化为更多的人所认识和认可。但是,全球化并没有使人们放弃自己的民族文化身份,面对他国文化的同化与兼并,国际上要求对所有文化一视同仁的呼声越来越高。随着时代的进步,大多数国家推行了多元文化的政策,至少从理念和法律上承认各民族文化是平等的。

在理论上,后结构主义的兴起为文化的多元性做出了解释。与结构主义相反,后结构主义哲学反对固定的模式,提倡摒弃框架的禁锢,认为世界是多元的,怀疑绝对真理的存在,从而促进人们思想上的解放。这种对传统和习俗的批判解除了它们对教和学的束缚,使多元共存成为西方教育改革的一个潮流。

多元文化互动综合模式将培养学生解决问题的能力放在首位。这种以能力为本的教学将"知识"和"行为"有机地联系起来,反映出它们之间相辅相成的动态关系和发展机制。虽然该模式基于后结构主义理论,不强求统一的教学方法,但并不代表这一模式的文化教学可以毫无规矩。不同的国家有不同的国情和发展计划,有针对性地选择目标文化,将之与本族文化进行精辟的对比和研究,在教师的引导下,增加师生之间的互动,使学生在学习知识的同时增强交际能力,才是这一模式的本质。

六、文化教学策略

文化教学的有效实施离不开行之有效的文化教学策略的支持。目前,我国在文化教学方面的研究成果不多,陈申的《语言文化教学策略研究》一书系统地介绍了外语教学中文化教学策略。他在书中列举了以下常见的文化教学策略:

(一)文化讲座

文化讲座,指以班级为单位,以教师为中心,以演讲的方式直接向学生传授有关目标语和目标语使用社团的文化知识策略。适用于以下几种情况:

(1)教师向学生介绍文化新领域的可叙述或描述的知识,学生可以通过讲座掌握总体概况或基本概念的知识;

(2)教师讲解一系列可通过主题来分类归纳的相关文化事实,可以以系列文化讲座的形式来完成;

(3)在教师即将给学生布置有关文化学习的研究任务,或者需要解决某个问题之前,学生需要掌握的基础知识,可通过讲座来进行传授;

(4)某些具体的文化资料,学生自学和阅读十分困难时,文化讲座可以解决学生因理解困难造成的误解;

(5)当教师具备或拥有特别的教材,这些本身已为文化讲座的内容和教学铺平道路,教师在教学中实现教学相长,学生也从该教师的特殊教材中获益。

文化讲座使教师对课题顺序、时间掌握等方面有极大的控制权,所以能确定在教学完成时学生可获得的成果。文化讲座对班额的大小没有严格限制,以专题顺序组织的文化讲座有利于充分利用教师资源。从教师的角度来看,教师的文化讲座一般都会汇集最新的研究成果和最新的研究方法,以及其本人的学习心得与体会,所以能提供给学生许多宝贵的信息资源。从学生的角度来看,学生在听文化讲座时,其听、写和观察能力会得到训练与提高。

(二) 文化参观

文化参观是以教师为辅导,以学生为主体,在课堂时间或课外时间以某个文化专题为学习任务,以参加统一观摩活动的方式来实现预期的学习效果。适用于以下两种情况:

(1) 某个文化教学单元结束以后,学生共同具备了有关专题的文化知识,就可以参观适合该专题的文化展览;

(2) 当教师想要测试学生独立工作、综合分析文化知识的能力时,可安排学生参加文化展览并完成某个学习任务。

文化参观能够调动学生主观能动性,使他们能主动地观察、接触、研究、总结文化知识。文化参观一般都在比较宽松和非正式的环境中进行,娱乐性和趣味性较强。

文化参观比较适合作为一种辅助性的教学策略,而不能作为常规的教学策略使用。由于学习任务不明确,学生自主选择时间进行的文化参观会变成走过场,学习效果不明显。

(三) 文化讨论

文化讨论是以班级为单位,教师为组织者,调动学生就某个专题开展有程序的、面对面的讨论,以解决实际问题或解答特定课题。

文化讨论需要一定的条件才能得以顺利开展。参加讨论的人必须要积极开口,乐意与人交谈而且乐于倾听别人的发言;参加讨论的人,作为一个集体,应当提出至少两种以上不同意见,这样才能激发思考,各抒己见;所有参加的人都希望通过集体智慧加深自己对主题的理解。

组织文化讨论的目的是使学生通过交流加深对某种主题的了解,而不是劝说别人或与人争辩。在讨论中,教师是讨论的组织者和主持人,不应占用太多发言时间,学生应是主体,教师只在提示和纠正偏题现象时发言。

文化讨论适用于以下情况:

（1）当教师希望学生建立自己获取新知识的信心,并对他们自己的学习建立责任感的时候;

（2）当教师希望学生能充分发表自己的主见,对有关文化事实的不同假设和推断提出质疑和加以讨论的时候;

（3）当教师有目的地训练学生交际能力,文化讨论提供给学生表达复杂概念的机会时;

（4）当教师希望学生了解对同样的文化事实可以用不同的方法分析,或从不同的角度和立场看待会有不同的结论时;

（5）当有必要建立学生的集体信念和合作精神时。

文化讨论有利于对学生交际能力的培养,讨论的形式为学生提供锻炼语言表达能力的机会,以及倾听别人意见、尊重别人经验和学习成果的机会。文化讨论中教师提供的论题一般都是有争议的、没有定论的,所以学生必须从不同的角度考虑问题。这样,才能产生不同的意见、不同的方法和不同的结论。文化讨论有利于建立起平等的师生关系,学生间的互动性也较强。文化讨论要求学生和教师都必须做好充分准备,否则课堂上就会出现冷场现象。

（四）文化欣赏

文化欣赏是以班级为单位的教学活动,教师以主持人的身份组织学生根据预定的计划就某一文化专题或某一文化事件,代表个人或小组向全班做汇报式讲演。

文化欣赏可以采取不同的形式:可以是纳入教学大纲、按序列专题进行的演讲,例如将学生分成若干组,指定主题让其准备,然后在课堂开始或结束时由小组代表发言10分钟;也可以是随意的或即兴的文化欣赏,例如学生凭自己的兴趣选择题目,进行课堂演讲;或者是总结性的文化欣赏,即在文化专题学习之后,组织汇报演讲,以陈述为主。

文化欣赏增进了学生的主动性和教学中的灵活性,学生可以自主选择专题,在课堂上安排的时间也较灵活。学生轮流表演可以公平分配学生的表现机会和在课堂上所占的时间。学生的表演对学生间彼此交流和互相学习很有益处,同时,教师也会从学生的表演中获得新的经验。

文化欣赏对教师和学生提出了很高的要求。教师不能事先预知学生表演的内容,这就要求他们具备灵活应对课堂上会出现的问题的能力。另一方面,文化欣赏需要学生的积极配合,学生必须具有很高的积极性和很强的自主学习能力才能够顺利完成学习任务。

第四节 跨文化交际学

"跨文化交际学"指的是不同文化背景的人与人之间进行的交际。跨文化交际是一种普遍、长期存在的现象。作为一门学科,跨文化交际学的历史是短暂的;但作为一种社会现象和发展过程,它与人类的历史一样悠久,可追溯到原始部落时期。这门20世纪六七十年代在美国兴起的学科,虽然理论构架还不够完善,但越来越多地吸引各学科领域学者们的普遍关注。近年来,跨文化交际学已成为我国外语教学界研究的一个热门课题。语言教师对之表现出兴趣,反映了时代的变化和要求,这是经济全球化掀起的浪潮和国际交流合作及竞争日益激烈的必然结果。社会对外语人才的要求不仅是数量上的,更重要的是在质量上。大家意识到仅仅注重语言能力教育已远远不能满足现代社会的需求,跨文化交际学的兴起促使人们从跨文化交际的角度对外语教学进行深入思考。

一、跨文化交际学的定义

"跨文化交际学"到底是一门什么样的课程?贾玉新认为,跨文化交际学是以运用众多相关学科的理论研究成果为基础,揭示不同文化的人们在交际时会发生什么,怎么发生的,为什么发生,产生什么后果,以及如何解决和避免交际障碍和文化冲突,以达到有效的交际(1997)。"跨文化交际学"研究具有不同文化背景的人们在各类交际活动中涉及文化的种种问题(戚雨村,1994)。跨文化交际学是在普通交际学的交际论的基础上,博采众长,吸收众多相邻学科的理论和成果,发展起来的一门交叉学科。这门学科以科学的理论和大量事实揭示跨文化交际这一动态多变的过程,探索它的本质和规律,以及影响它们众多社会文化、心理、环境、情景等因素,以演绎的方法探索交际行为、编译码过程、交际方式、语篇结构等方面与其底层文化的关系。这门学科还在文化对比的基础上,以大量的数据和事实让读者明了不同文化在交际过程中所可能产生的各种文化差异,发展人们对文化差异的高度敏感性。当然,本学科研究的宗旨在于通过比较、追本溯源,以及理论分析使人们达到有效的交际。

二、跨文化交际教学的重要性

跨文化交际的研究,可以拓宽语言研究的领域,把视野转向广阔的文化层面。语言和文化是密不可分的,语言既是文化的载体,又是文化的一个重要组成部分。语言的应用受到文化体系的影响和制约。因此,要掌握两种语言,必须掌握两种文化。只有跨越目标语国家的文化障碍,才能做到交际的得体与妥当。反之,就会因语义、语用及思维习惯和文化习惯的差异在交际中出现失误。外语教学的一个主要目标就是培养学生的跨文化交际能力。因此将语言研究和跨文化研究有机地结合起来,不仅理论上必要,而且也是对外语教学实践性原则的延伸。跨文化交际与外语教学密不可分,这是因为外语教学不仅传授语言知识,更重要的是要培养学生的交际能力,培养他们应用外语进行跨文化交际的能力。近年来,随着改革开放步伐的加快,对外交往日益频繁,国与国之间的交流也越来越广泛,社会上对大学毕业生的英语运用能力提出了更高的要求。然而,在这些方面,我们的外语教育却明显滞后。一方面,普遍的应试教育带来了相当大的负面影响;另一方面,传统的外语教育观还深深地束缚着教师的思想。

跨文化交际并不是一个简单的过程,仅仅学会一门外语的语音、语法规则和掌握一定量的词汇并不意味着能顺利地进行交际。在跨文化交际中,交际的双方若不能进入同一文化背景之中,就容易产生误解,甚至直接导致交际失败。正如托马斯(Thomas)所指出的"语法错误从表层上就能看出,受话者很容易发现这种错误。这种错误一旦发现,受话者便会认为说话者缺乏足够的语言知识,因此可以谅解。语用失误却不会像语法失误一样被看待。"因此,研究跨文化教学以及探索培养学生跨文化交际能力的途径,对提高大学生英语交际水平,适应未来社会对外语人才的需求是极其重要的。语言交际教学法的语言理论基础是:它把语言当成是交际。既然语言是交际的一种手段,那么教师就有责任提高学生的跨文化意识,培养其跨文化交际能力,让学生在学习语言基本知识的基础上,学会了解目标语国家的文化背景、风土人情、价值观念和生活方式,达到对其了如指掌、运用自如的目的。所以我们在大学英语课堂教学中应该采取必要的提高学生跨文化交际能力的教学手段。

英语教学的一个重要目的就是提高学生的跨文化交际能力,即与不同文化背景的人进行交流。全面地提高英语教学的效率和质量,提高学生的英语应用能力,这是大学英语教学的一项紧迫任务。为了实现这个目标,需要大学英语教师的共同努力。我们的外语教学应紧跟世界教育的发展方向,为培养出具有跨文化交际素质的人才而不断努力。

三、跨文化交际学国内外发展及现状

欧美各国政治、经济、文化交流频繁,外语教学起步较早,最早教授的语种包括拉丁语、希腊语等。随着西方语言学研究的兴起和发展,跨文化交际学研究也随之发展,新理论、新流派不断涌现。中国的跨文化交际研究起步较晚,研究层次基本停留在学习、引进国外理论的层面,没有提出推进整体跨文化交际理论层次的新观点。但随着改革开放和经济贸易的突飞猛进,跨文化交际能力正在成为新世纪人才不可或缺的一项基本能力。

(一)跨文化交际学在美国

跨文化交际研究是在美国新兴的领域。人们普遍把霍尔(1959)的《无声的语言》视为跨文化交际学的开端。1959年,美国文化人类学家爱德华·霍尔的经典著作《无声的语言》出版,该书中首次使用了跨文化交际一词。从某种角度来讲,该书的出版标志着跨文化交际学的诞生。此后,60年代陆续又有一些有关跨文化交际的著作问世。与此同时,美国一些大学开始开设跨文化交际学课程。就跨文

化交际学在学术领域的地位而言,1970年是最具重要意义的一年。在这一年,国际传播学会承认跨文化交际学是传播学的一个分支,在学会下面成立了跨文化交际学分会。国际传播学会确定1970年年会的主题为"跨文化交际与跨国交际"。此后,各大学传播学系、教育系纷纷设立跨文化交际学方面的课程。1972年,第一届跨文化交际学国际会议在日本东京举行。1974年跨文化教育训练与研究学会在美国马里兰州召开首届会议,正式宣布成立。这是跨文化交际学方面最具有影响的一个组织,目前已经发展成了国际性组织,在欧洲设立了分会,且创办了《国际跨文化交流年刊》。1977年,在全美国有450多个教育机构教授"跨文化交际"的课程,有的大学还颁发跨文化交际学的硕士、博士学位。

(二)跨文化交际学在欧洲

跨文化交际学在欧洲发展得比较晚,影响也比美国小得多,而且具有不同的传统。国际跨文化教育训练与研究学会在欧洲的分支已经存在多年,开过多次会议。除此之外,还有另一个研究跨文化交际的组织在北欧活动。尽管在英国开设跨文化交际学课程的大学比较少,这并不是说英国学者对于跨文化交际方面的问题不予注意。总的来说,在欧洲,跨文化交际学与语言学的联系更紧密。它被承认为一个独立的学科是近期的事情。

(三)跨文化交际学在中国

跨文化交际学在中国的兴起是近30年的事。随着中国加入WTO,以及同世界各国经济技术合作的日益增多,人才市场对具有跨文化交际能力的外语人才的需求呈不断上升趋势。中国外语教育界已经把注意力从20世纪50年代的重视语言知识的传授和掌握过渡到语言知识与语言技能(交际能力)并重,即综合语言运用能力上。

20世纪80年代初,跨文化交际学由外语教学界引入国内,研究重点在于外语教学中的跨文化差异以及语言与文化的关系。学术界一般认为,许国璋于1980年在《现代外语》第4期上发表的文章标志着跨文化交际学在中国的诞生。他提出在不同的语言中表面上对等的词汇实际上在文化内涵上并不相等。此后交际教学在外语教学中逐步推广,使得人们认识到学习外语必须结合文化。只注重语言的形式,而不注意语言的内涵是学不好外语的。从 20 世纪 80 年代中叶开始,北京外国语大学、北京大学、首都师范大学外国语学院等大专院校相继开设跨文化交际学的课程,从 1981 年至 2001 年 20 年间,我国学者对跨文化交际学的研究兴趣越来越浓厚,发表了近 300 篇研究论文,出版专著 20 余部。从已发表的著作和论文来看,我国学者的研究集中于以下几个方面:语言与交际的关系;非语言交际;中西习俗比较;中西经营管理模式比较;民性研究。国内学者对于跨文化交际学的理论与研究方法也有一些见解,但是总的来说,这方面论著较少。

四、跨文化交际研究视角

20 世纪 80 年代后期,跨文化交际研究出现了从"盎格鲁为中心"到"多中心"的模式转型。在 20 世纪六七十年代,许多有影响力的交际研究都发生在美国中西部地区的大学。20 世纪 80 年代末,美国在交际上的研究成果特别丰厚,也是从那时开始,其他地区学者开始致力于这方面的研究。美国的传统研究范式促进了之后新观点和新交际模式的形成。研究文化和跨文化交际主要可以从以下四个角度入手。

(一)社会心理学视角

从社会信息学视角出发,很多学者提供了一个理解跨文化交际的动态性途径和从文化对比的角度来理解交际的新思路。在 20 世纪 80 年代和 90 年代初,这些学者将人际沟通的理论和框架用于分析跨文化语境下的交际。

对传统交际理论研究的主要批评在于这些理论往往存在隐晦的民族中心主义和父权社会特征,并且在分类模式上过于简化,以至于导向文化定式。这些跨文化交际研究不承认个人在文化方面的创造力,以至于使跨文化研究成了不断发展的"生态谬论"。这种研究方法的目的是确定和解释交际上的文化差异,并预测未来的交际情况,这是因为这些跨文化交际研究是基于如下假设:(1)有一个可描述的、外部的现实;(2)人类行为是可预见的;(3)文化是一个可以测量的变量。

(二)批评的视角

这是一种超理论方法,其中包括阐释视角中的许多假设,但侧重于宏观的背景,如影响交际的政治和社会结构因素等。学者关注语境(包括社会历史语境和社会中权力、压迫、解放等思想意识)可能对我们跨文化互动产生的影响。这种方法承认种族、阶级、性别这些分歧会影响某一身份说话人的表达,从而限制文化多样性的思想意识。自我反思是这种方法提出的另一个关注点。

(三)阐释的视角

这是一个挑战跨文化的定义和意识形态性质的崭新的研究角度。支持这种方法的学者认为有必要认识到交际中主体的复杂性,而不是采取目前似乎正流行的典型的简化过程的研究方法。他们认为最主流的跨文化交际研究,像人际沟通研究一样,跨文化的互动也不应被当成一成不变的,而应作为一个生活快照存在。在现实中,关系是一种复杂的过程,只有这样研究才是不偏颇的。每个人都受周围文化和亚文化的影响。个人的社会身份代表不同文化边界(国家、组织、工作、家庭等)的融合,正是这些身份的融合共同创造了一个人的整体文化。

第二章　高校英语教学思维基础

第一节　高校英语教学的基本关系

一、英语教学中语言知识和语言技能之间的关系

从20世纪70年代末恢复英语教学以来,我国的英语教学经历了重知识、轻技能的阶段,后来在交际教学法的影响之下,又出现了重技能、轻知识的现象。这与儒家的中庸思想是不相符的。中庸之道历来强调"知行合一"的思想,指出应该"博学之,审问之,慎思之,明辨之,笃行之"。知是行之始,行是知之成。孔子还特别强调实践的重要性,指出:"学而时习之,不亦说乎?"(《论语·学而》)知行合一的思想对于我们处理语言知识和语言技能之间的关系具有重要的指导意义。语言知识和语言技能都是语言能力的组成部分,都是语言学习的目标。两者之间相互影响,相互促进。首先,语言知识是发展语言技能的基础,不具备一定的语音知识,不掌握足够的词汇,不了解英语的语法,就不可能发展任何的语言技能,而语言知识的学习往往可以通过听、说、读、写活动的过程来感知、体验和获得。

中庸之道在教育上还体现在它所主张的启发式教学思想上。"不愤不启,不悱不发"是孔子教育思想的基本原则之一。所谓的"愤"与"悱"是学生的两种状态,而"启"与"发"则是在这样的状态下需要采取的方法。朱熹认为:"愤者,心求通而未得其意;悱者,口欲言而未能之貌。"程颐则对采用启发式教学的原因进行了解释,"不待悱愤而发,则知之不能坚固;待其悱愤而后发,则沛然矣"。启发式的教学思想对于语言知识的教学,尤其是对于英语中的语法教学尤其重要。英语语法教学是一个敏感的话题。在很长的一段时间内,我国的英语教学被语法知识的传

授占据了大量的精力,从而忽视了语言技能的培养。而在纠正这一问题的过程中,也很容易走向另一个极端,轻视语法教学,单纯强调通过自然习得获得语言能力,认为不需要教授语法。语法教学在我国英语教学中的作用是毋庸置疑的(崔刚,2007),真正的问题并不在于语法应不应该教,而是应该如何教的问题。语法教学不应采取填鸭式灌输方式,要首先使学生大量地接触语言材料,使他们建立对于其中所包含的语言规则的假设,从而达到"愤"与"悱"的状态,然后在此基础上进行启发。

二、英语教学中的其他基本关系

如上文所述,英语教学是一个复杂的系统工程,其中所涉及的因素和矛盾非常多,例如,汉语和英语、外国文化和中国文化、听说能力与读写能力等等,在处理这些矛盾时应该采用辩证统一的态度,不要把两者简单地对立起来,遵循适度的原则,防止从一个极端走向另一个极端。

在我国,由于人们对客观规律认识的不足以及传统思维限制,往往出现忽左忽右的偏激化现象。这种现象在目前的英语教学中也不同程度地存在着。在全社会重视英语的同时,很容易忽视汉语的学习。经济的全球化和科学技术的国际化正在成为新的时代特征,英语作为国际交往中的最为重要的交流与沟通的工具,其重要性已经为越来越多的人所认识。但是,这样的环境很容易给人造成一种错觉,认为英语比汉语还重要,从而忽视汉语的学习。不重视英语是错误的,而因为重视英语而忽视了对自己母语的学习也同样是不正确的。另外,在处理英语和汉语之间的关系时还要注意不要过分夸大汉语的干扰作用。汉语是中国人的母语,少年儿童在开始学习英语时已经能够比较好地使用汉语进行交际,也就是说,他们已经掌握了大量的汉语词汇和基本语法,具备了使用汉语进行听说和读写的能力。而英语是他们作为一门外语来学习的目标语。在谈到母语和目标语之间的关系时,人们经常谈到的是"迁移"的问题。迁移是外语学习者经常采用的一种学习策略,它指学习者利用已知的语言知识,去理解新的语言,这种现象在英语学习的初级阶段出现得最为频繁,因为学习者对英语的语法规则还不熟悉,此时只有汉语可以依赖,汉语的内容就很容易被迁移到英语之中。如果母语对于目标语的学习起到了负面的影响,则被称为负迁移,即干扰。但是,迁移并非总是坏事,有时候,由于英汉两种语言之间存在着很多相似或者吻合的地方,中国学生在学习英语时可以利用已有的汉语知识,促进英语的学习。例如,汉语中的形容词都位于它所修饰的名词前面,而英语也同样如此,当学生学习了 beautiful 和 flower 两个词之后,就会很自然地说出 a beautiful flower。在对待汉语和英语之间的关系方面,有两种极端的态度。一种是依靠汉语来教授英语,这显然是不可取的。使用英语进行教学具有以下几个方面的益处:创造英语的氛围;增加英语的输入,减少汉语的负向迁移。对于中国的英语学习者来说,汉语是他们的母语,学生在学习英语时会自觉或不自觉地与汉语进行比较,如果在教学过程中过多地采用汉语,学生就会很难摆脱对汉语的依赖,养成一种以汉语为"中介"的不良习惯,在听说读写等语言活动中会不断地把听到的、读到的,以及需要表达的英语先转换成汉语,这样就很难流利地使用英语,也不可能写出或讲出地道的英语。另外一种是完全摆脱汉语,刻意地回避汉语,这不仅难以做到,而且也是不可取的。在英语课堂上使用汉语要注意以下几点:汉语作为教学手段,使用方便,易于理解,但是不能过分。在解释某些意义抽象的单词或复杂的句子时,如果没有已经学过的词汇可以利用,可以使用汉语进行解释,另外也可以对发音要领、语法等难以用英语解释的内容使用汉语进行简要的说明;利用英语和汉语之间的比较,可以提高教学的预见性和针对性。对于英汉两种语言相同的内容,学生学起来比较容易,教师只要稍加提示,学生就很容易掌握。某些内容为英语所特有,学生学起来就比较困难,教师应该有针对性地将其作为教学的重点,适当增加练习量。对于两种语言中相似但是又不相同的内容,学生很容易受到汉语的干扰,教师在教学过程中要多加注意。

　　语言是文化的一部分,又是文化的重要载体。英语学习者要想熟练使用英语进行交际,必须要了解英语国家的文化,这一点已经引起了我国英语教学界的高度重视,跨文化交际已经成为英语教学领域的重要研究问题之一。但是,我们在重视外国文化的同时,却很容易忽视中国文化。我国目前广泛使用的各种英语教材中,与中国文化相关的课文内容微乎其微,由此而产生的后果是显而易见的,对于中国的英语学习者来说,英语学习的重要目的之一是使用英语传播中华民族的优秀文化,而绝大多数的英语学习者在通过了四级、六级甚至英语专业毕业之后,都不知道"孔子"在英语中应该怎么说,像《红楼梦》《水浒传》《三国演义》《聊斋志异》等中国古典文学名著在英语中该怎样翻译。我国各个层次英语教学大纲都把培养学生的爱国主义情感作为教学目标之一,但是目前的英语教学只是把这一目标局限于口头上。如果在学习异国文化的过程中,不善加引导,学生很容易会盲目地接受西方文化中的行为规范、价值观和道德观,很容易忘记甚至疏远自己民族的文化传统。另外,忽视中国文化,也不利于外国文化的学习。学习本国文化,有利于加深对外国文化的理解,提高自己鉴别和鉴赏外国文化的能力。

在重视听说能力培养的同时,很容易忽视读写能力的培养。在长期以来的英语教学中,学生听说能力的培养一直是一个薄弱的环节,学生经过了许多年的英语学习之后还不能进行口头交际,从而造成了所谓"哑巴英语"的现象。如何提高学生的听说能力,尤其是口语能力,是一个亟待解决的问题。但是,我们也应该意识到,重视听说能力的培养,并不意味着可以忽视读写能力。首先,听说能力的提高在很大程度上与读写能力的水平相关,心理语言学的研究成果告诉我们,在语言学习的过程中,需要大量的信息输入并通过内部语言系统进行加工,进而转化成一定程度的外部语言,而阅读是信息输入的重要途径,也就是说,没有足够量的阅读,要想提高口语能力也是不可能的。另外,读写能力是一个受过良好教育人士的基本标志,文盲与非文盲的一个主要区别在于文盲只能使用一种语言进行听、说的交际活动,而不能进行读、写的活动。听、说、读、写四项技能是一个相辅相成的有机整体,在以往的英语教学中,我们忽视了听说能力的培养,在纠正这一错误倾向的同时,也要注意不要走向另一个极端。我们解决"哑巴英语"的同时,也要避免产生"文盲英语"的现象。

第二节 高校英语教学的基本原则

一、高校英语任务型教学法的基本原则

任务型教学法是指"将任务置于教学法焦点的中心,它视学习过程为一系列直接与课程目标联系并为课程目标服务的任务,其目的超越了为语言而练习语言",即一种将任务作为核心单位来计划、组织语言教学的途径。纽南(2004)提出了任务型教学法的五条原则:真实性原则;形式—功能性原则;任务相依性原则;做中学原则;脚手架原则——给学生足够的关注和支持,让他们在学习时感到成功和安全。

任务型教学过程分任务前阶段、任务环阶段和语言焦点阶段。任务前阶段包括介绍话题和任务。在这一阶段教师和学生一起探讨话题,着重介绍有用的词汇和短语,帮助学生理解任务指令和准备任务。这个阶段主要为学习者提供有意义的输入,帮助他们熟悉话题、认识新词和短语,其目的在于突出任务主题、激活相关背景知识、减少认知负担。

任务环阶段包括任务、计划和报告。学生以结对子或者小组活动的形式完成任务,教师不直接指导。学生以口语或者书面的形式在全班汇报他们是怎样完成任务的,他们决定了或发现了什么,最后通过小组向全班汇报或者小组之间交换书面报告的形式比较任务的结果。这个阶段为学习者提供了充分的语言表达机会,强调语言的流利性,交谈中语言的使用应该是自然发生的,不要求语言的准确性。

语言焦点阶段包括分析和操练。在这一阶段着重分析课文中出现的语言特点和难点。在分析中或者分析后教师引导学生练习新的词汇、语法并指出语法系统是极其有价值的。这个阶段的目的在于帮助学生探索语言系统知识、观察语言特征并将它们系统化,从而清晰、明了地掌握这些语言规则。

任务型教学的倡导者认为,掌握语言的最佳途径是让学生做事情,即完成各种任务。当学习者积极参与目标语的练习时,语言也被掌握了。学生注意力集中在

语言所表达的意义上，努力用自己掌握的语言结构和词汇来表达自己的意思，交换信息。任务型教学追求的是给学生提供大量的、尽可能丰富的内容，让学生明确自己的学习目标，并在交际过程中，合理分配注意力，从而使语言得到持续、平衡的发展。

二、高校英语内容型教学法的基本原则

内容型教学法通过运用目标语教学学科内容，把语言系统与内容整合起来进行教学。这种整合观是基于一种对语言教学的认识：只有同时给予两者相同的重视，而不是将两者分离开来，才能促进两方面同时发展。而运用目的语教学学科内容可以较理想地达到整合这两个方面的目的。其基本原则如下：

（一）教学决策建立在内容上

语言课程的设计者和教材的编写者在设计阶段面临的两个问题就是内容（包括哪些项目）的选择和排序（如何排列这些项目）。在传统的教学方法中，不少方法如语法翻译法、听说法，它们通常按照语法的难易程度编写：如一般现在时比其他时态更容易学习，在教材的编写和教学中自然处于优先学习的地位，根据此原则编写的教材和教学把容易学习的内容放在初学阶段。然而，内容型教学法颠覆了传统方法中内容的选择和排序原则，彻底放弃了以语言标准作为教学的出发点，而是把内容作为统率语言选择和排序的基础。

（二）整合听说读写技能

以往的教学法常常以分离的、具体的技能课如语法课、写作课、听说课的形式进行教学。内容型教学方法试图在整合听说读写四项基本技能的同时，将语法和词汇教学包含于一个统一的教学过程之中。由于语言交流的真实情景，以及语言的交互活动涉及多种技能的协同，派生了这项教学原则。同样，内容型语言教学反对在课堂上主张先听说、后写作的教学顺序。它没有固定的、一成不变的技能教学顺序，相反，它可从任何一种技能出发。可以看出，这一原则是第一个原则的引申，

是内容决定、影响教学项目的选择和顺序原则的具体表现。

(三)教学的每一个阶段都要求学生积极地、主动地参与

自交际法产生以来,课堂的中心从教师转向学生,"做中学"成为交际语言教学的基本原则之一。任务型教学是交际法发展的分支,它强调学生应在完成任务的过程中进行探索性、发现性的学习。同样,内容型教学也是交际法的分支,重视学生在参与学习的过程中积极主动地学习。主张内容型教学的学者们认为,语言学习应产生于将学生暴露于教师的语言输入中;同时,学习者还可以在与同伴、同学的交往中获得大量的语言信息。因此,在课堂的交互学习、意义协商和信息收集以及意义建构的过程中,学生承担着积极的社会角色。(Lee & Patten,1995)在内容型语言教学中,学习者可以承担多种角色,如接受者、倾听者、计划者、协调者、评价者,等等。与学习者多重身份一样,教师也扮演着多重角色。他们可以是学生的信息源、任务的组织者、学习活动的引导者、控制者和促进者、学生学习活动的评估者,等等。

(四)学习内容的选择与学生的兴趣、生活和学习目标相关

内容型教学法的内容选择最终决定于学生和教学环境。教学内容通常与具体的教学和教育环境中的教学科目平行进行。因此,在中学阶段,外语教学内容可以来自学生在其他科目如科学、历史、社会科学中学习的内容。同样,在高等教育环境中,学生可以选修"毗邻"语言课。"毗邻课"是两个教师从两个角度教学同一内容,从而达到不同的教学目标的课型。在其他教学环境中,教学内容可以根据学生的职业需要和一般的兴趣特点进行选择。事实上,由于对哪些内容是学生普遍感兴趣或者直接相关的很难确定,教材的编写者、使用者都很难把握这一条原则。但是,由于每个内容单元的教学时间长,教师有大量的时间和机会把课程内容与学生的兴趣以及他们已经具备的知识结合起来。因此,让学生对所选内容感兴趣是内容型教学理论实现的重要基石。

（五）选择"真实的"教学内容和任务

内容型教学的核心成分是真实性。它既要求课文内容的真实，又要求任务内容的真实。一首歌谣、一个故事、一段卡通都可以作为真实的教学内容。把这些真实的内容放置于外语教学课堂将改变它们原本的目的，从而服务于语言学习。同样，任务的真实性也是内容型教学的目标，任务必须与一定的文本情景结合，反映真实世界的实际状况。

（六）对语言结构进行直接学习

内容型教学将学生暴露于真实的语言输入中，目的在于让学生获得运用语言进行交际的能力。文本形式、教师的课堂语言的输入、学生之间的结对子活动以及小组活动都是内容型教学的信息源。但是，内容型教学认为，仅仅通过可理解性输入不是成功的语言学习，对真实文本中出现的语言结构必须采取增强意识的方法进行学习。

三、高校英语课程资源建设的原则

大学英语课程资源建设是辅助大学英语教学的重要举措，是学生开展个性化学习的前提。在建设过程中应坚持以下原则。

（一）"学生为中心"原则

所有大学英语课程资源的建设都是围绕学生的英语学习动机和兴趣而开展的，为学生创造良好的学习氛围，为学生努力学好英语铺路搭桥。因此，不管是资源建设的决策和规划阶段，还是实施、检查和改进阶段，都要以学生的实际需求为出发点，不但要关注他们的知识类资源，还要关注他们的情绪类资源、问题类资源、错误类资源、差异类资源和兴趣类资源，尽可能让他们成为学习的绝对中心，成为知识意义的主动建构者，确保教材所提供的知识不再是教师传授的内容，而是学生主动建构意义的对象，媒体也不再是帮助教师传授知识的手段与方法，而是用来创设情境、进行协作学习和会话交流,即作为学生主动学习、协作式探索的认知工具。

(二)开放性原则

大学英语课程资源建设是一项长期的、系统的积累工作,随着教学改革的不断深入、社会的不断进步和教师专业化发展,已有的课程资源得到更新,新的课程资源得到添加,确保了课程的正常运转。在资源建设过程中,建设者要以开放的心态对待人类创造的所有文明成果,以开放的目光审视周围的事物。开放性原则包括类型的开放性和空间的开放性。类型的开放性指不管课程资源以什么类型存在,只要有利于教育教学,都可以加以开发利用;空间的开放性指课程资源的地域性差异,不管它们是校内或校外、国内或国外,只要能有益于学生知识积累、能力发展、技能提高,都可以加以开发和利用。知识经济是世界一体化的经济,资源的开放性原则是从地区到全球、从微观到宏观、从局部到整体,在不同层次上都要确立的一种基本原则。

(三)前瞻性原则

大学英语课程资源的开发与利用是与学生需求紧密相连的,受现有的课程和现实社会的实际需求推动。但从发展的角度来看,课程资源建设还要与未来社会的发展联系起来。只有这样,才能够帮助学生更好地把握未来社会的一些发展趋势。因此,建设者要具有前瞻性思维,密切关注社会的发展动态,注意吸收当前重要的、有影响力的、处于科技前沿的一些素材,在此基础上开发出对学生来说真正有用的课程资源,对学生加以引导,让他们逐步接受这些新东西,为学生以后的终身学习与可持续发展打下坚实的基础。

(四)经济性原则

在大学英语课程资源开发中,要力求用尽量少的投入开发最大量的课程资源,即实现低投入、高产出。经济性原则涉及经费、时间、空间和学习四个方面。经费的经济性指花较少的钱,甚至不花钱,开发出可以服务于学生的大学英语课程资源,如从互联网上提取本校可以使用的英语资源;时间的经济性原则指立足于现实,开发那些适于当前大学英语教学的课程资源,不能等待更好的时机,否则就错过了最佳学习期;空间的经济性原则是指能就地开发的,就不要舍近求远,同时也指课程网站的容量;学习的经济性主要指以兴趣为导向,开发那些能激发学生学习积极性的课程资源。

第三节 高校英语教师

一、教师的作用

教师是大学英语教学的重要因素,在英语教学中起着主导作用。在英语课堂上,教师主要充当两种角色,即掌控者和引导者。作为一名合格的英语教师首先应该具有纯正的发音。然而并非所有的英语教师都具有纯正的发音,所以教师可借助 VCD、广播以及多媒体等手段来弥补自己的不足,确保学生在课堂上所听的内容都是纯正的。同时,教师在讲解单词、句子、课文时,应该穿插一些解释,对难懂的词语要不断重复。

在多数英语课堂上,教师的讲话占据课堂时间的大部分,不可否认,教师的讲话有利于学生的语言习得,但也不能因此牺牲掉学生的练习时间。同时,教师还要注意不断变化教学的形式,以增强课堂的趣味性。一个合格的英语教师还应具有一定的应变能力,能预测课堂活动中出现的状况,能很好地处理课堂上的突发事件,确保课堂活动的有序开展。

此外,教师应该随时调整自己的提问方式、语言运用、提供反馈的方式。在英语课堂中,提问是教师常用的一种教学手段。通过提问,可以有效激发学生的学习兴趣,促使学生积极思考,帮助教师诱导某些知识结构。另外,语言运用的方式也很重要,为了让学生对所讲述知识有一个充分的了解,教师在教学中可以采用重复话语、降低语速、增加停顿、改变发音、措辞、简化语法规则、调整语篇等措施。

学生是英语教学的重要反馈者,同样,教师的反馈也是十分重要的。所谓提供反馈就是指教师为学生的学习情况提供反馈。教师的反馈可以调整对学生话语的回答,如表示学生问答正确或错误、赞扬鼓励、扩展学生的答案、重复学生所答、总结学生回答、批评等。总之,教师的目的就是采用不同形式的教学方法,调动学生的积极性,扩展学生的知识面,培养学生的学习能力,提高整体的教学效果。

二、大学英语师资队伍现状

总体说来,在高校从事大学英语本科教学的教师队伍是一支勤勤恳恳、任劳任怨、有上进心、有事业心的队伍。但是,这支队伍在知识结构、年龄结构、教育观念、教学技能等方面不同程度地存在着各种问题:

1. 专业化程度需要提高

语言教育是一门严肃的科学,有其自身的理论基础和发展规律。它所涉及的教育学、心理学和应用语言学是从事外语教学职业的人必不可少的条件性知识。在我国,只有师范院校或综合院校的师范专业才把教育学和心理学列入必修课程;非师范院校或专业的毕业生往往只是在数周的岗前培训中接受一些粗浅的教育学知识,这种以学科知识代替专业能力的现象严重影响了我国教师的专业化程度。

2. 教育观念需要更新

不少大学英语教师看不到社会对人才的真正需求,围绕考试的"指挥棒"转,以"高过级率"为目标,课堂上"填鸭式"教学,讲解词语,分析语法点,反复举例说明,逐句翻译课文,搞题海战术这种教学模式,以教师为中心,忽略学生的主观能动性,重知识传授,轻能力培养,其结果是学生忙于记笔记,被老师"牵着鼻子走",没有参与语言实践的机会,学生的语言应用能力得不到提高。更不用说培养学生的自主学习能力和思维创新能力了,这种观念与"语言作为交际工具"的本质背道而驰,培养出来的学生语言应用能力较差,根本不能满足社会的需要。英语教师必须尽快改变传统教学观念,以学生为中心,发挥学生的主体作用。教师的角色是学生学习的引导者、合作者和促进者,教给学生学习方法和学习策略,培养运用外语的技能。

3. 教学能力需要加强

长期以来,我国高校教师队伍的培养更多地注重教师的专业学术水平和学历,形成了一味追求高学历的现象,热衷于写文章、搞项目,教学被不同程度地忽视,对教学规律的研究更是鲜有涉足。然而,身为高校教师,如果不能掌握系统的教育理论,没有先进的教育观念为先导,不具备与教学活动有关的基本知识,不研究教学的方法和规律,要高质量地完成人才培养任务将根本无从谈起。

4. 知识结构需要调整

随着经济的不断发展,国际交流日益频繁,社会对复合型人才的需求激增,为了指导下一步的大学英语教学改革,《大学英语课程教学要求》就课程设置做了明确的要求,指出各高等学校要根据实际情况,设计各自的大学英语课程体系,将综合英语类、语言技能类、语言应用类、语言文化类和专业英语类等必修课程和选修课程有机结合起来。但是,大学英语教师在学习期间,修读的课程主要围绕语言和文学,近二十年的大学英语教学中,大多数学校只开设了《大学英语》一门课程,涵盖听、说、读、写等教学内容,造成若干大学英语教师上同一门课程的局面,使得大学英语教师的知识结构显得单一、片面。要适应教学需要,他们必须坚持自我发展,完善知识结构,为开设选修课和充实必修课做好准备。

5. 信息素养需要强化

人类已进入信息社会。在信息社会里,信息技术将带来教学方法、教学过程和教学资料等多方面的变化,并以此改进教学效果,引发教育教学领域全面而深刻的变革。教师作为新知识的传授者,就必须主动适应信息社会,掌握信息应用能力,不断更新自己的知识,与信息应用能力紧密联系的是对现代教育技术的掌握和应用能力。随着现代科学技术的发展,教育技术和手段不断更新,教学中广泛使用高科技教学手段,掌握和应用现代教育技术已经成为当今高校教师的一项基本功。但是,大学英语教师多半是文科出身,对现代教育技术了解不多,何况信息技术和教育技术更新特别快,使得大学英语教师在这方面的知识显得有些跟不上时代的发展。

6. 科研意识需要培养

大学英语教师学历普遍偏低,长期担负着繁重的教学任务,加上不少院校一直把大学英语四、六级过关率作为评价大学英语教师的主要指标,淡化了教师的科研能力,教师就只好凭经验和直觉进行教学,很少进行理论上的反思。束定芳教授主持的调查表明,从事教育理论研究的高校英语教师仅占10.7%,写过教学方面的文章的教师也刚刚过半。上海外国语大学梅德明教授主持的项目研究发现,在他们走访的某高校大学英语教师中,近两年只有21.3%的教师撰写并发表了论文,这种状况与高校教师的职责和任务极为不相称,因为大学不仅是培养高等人才的地方,也应该是科学研究的前沿阵地。

三、提高大学英语师资队伍素质的举措

开放式的大学英语师资队伍建设理念表明,师资建设的形式已不是传统意义上那种为了提高学历和职称开展的脱产、半脱产或在职学习,现已呈现多样化特征。这些举措旨在解决强化教学能力、提高科研能力和提升学历这三大类问题。

(一)强化教学能力

围绕如何强化大学英语教师的教学能力,提高大学英语教学水平和师资队伍的建设措施如下。

1. 教学督导制

实施校院两级教学督导制,每学期均有听课重点,如新引进的教师、在学评教中得分较低的教师、拟晋升高一级职称的教师、拟参加课堂教学比赛的教师,督导委员听课后,不但会将涉及教学内容、教学方法、教学效果、师生互动情况等方面的意见反馈给授课教师,同时也反馈给主管教学的副院长,帮助建立教师授课档案。

2. 青年教师指导制

刚参加工作的青年教师或刚毕业的硕士研究生,尽管他们具有一定的语言基本功,有较高的教学热情,但他们缺乏教学经验,可以安排教学经验丰富、教学功底

扎实、乐于带年轻人的老教师与青年教师结对,帮助青年教师尽快熟悉主讲课程的课程大纲、制订本门课程的教学计划和教学日历等,以确保他们在最短的时间内进入角色,掌握一门课程的教学流程,然后独当一面,成为一名合格的大学英语教师。

3. 课程教学团队制

大学英语教师组成的教学团队中,老、中、青教师协调发展,共同进步。在一些新开课程中,可以尝试课程教学团队制,即同一门课程由两个或两个以上的教师担任教学,其中一个教师为主讲教师。这就是教师队伍建设中传、帮、带的具体体现。刚接受这门课程的新教师或年轻教师第一轮讲授少量内容,第二轮、第三轮逐步增加教学任务,直至独立承担这门课程。

4. 非师范毕业生岗前培训

英语教师不仅应该具备扎实的语言功底,还需要有一定的教育学、心理学知识。大学英语教师的专业化程度不高,据束定芳教授的调查表明,高校教师中师范毕业的仅占24%。

5. 信息技术系列培训讲座

大学英语的所有课程都在多媒体教室授课,同时支持教师逐步开出网络课程,所以大学英语教师要把不断提高信息素养作为自己的一项重要工作。为了配合教师的教学,可以引进教育技术专业毕业生,除了维护电教设备的正常运转外,还定期培训教师,让老师熟悉PPT的制作、电子表格的使用和制作、SPSS统计软件的使用、教学用语料库的建立等。

(二)提高科研能力

大学英语教师都是由传统的英语语言文学专业培养出来的,在学科和跨学科知识结构方面难免先天不足。外语专业的学生在读书期间未受到必要的科研方法和技能的训练,加上缺乏科研条件和氛围,许多大学英语教师也就缺乏科研意识。因此,营造研究氛围,提高大学英语教师的科研能力,创造研究条件,解决研究成果的固化问题就成了大学英语师资队伍建设的重要任务之一。

(三)提升学历

1. 设立留学基金

为了鼓励教师去国外攻读硕士、博士学位,提高教师学历的国际化程度,可以设立青年教师国外攻读硕士学位基金资助教师赴海外攻读学位。

2. 设立学位提高奖励基金

可以规定外语学院教师只要获得高一级学位,除了享受学校的奖励外,学院还给予奖励。

第四节 高校英语教学的模式

一、教学模式的定义

"模式"一词是英文 model 的汉译名词。Model 还可以译为"范式""典型""原型"等,一般指被研究对象在理论上的逻辑框架,是经验与理论之间的一种可操作性的知识系统,是再现现实的 种理论性的简化结构。1972 年,美国教育家乔伊斯和韦尔在其著作《教学模式》一书中,最先将"模式"一词引入到教学领域,并加以系统研究。他们认为教学模式是构成课程、选择教材、指导在教室和其他环境中教学活动的一种计划。将"模式"一词引入教学理论中,目的是想说明在教学过程中可以在一定的教学思想或教学理论指导下,建立起来各种类型的教学活动的基本结构或框架,从而形成指导整个教学过程的一系列程序和一整套策略体系,使教学活动科学有序地进行。

1990 年,美国学者施瓦布等在其著作《教学:一种模式观》中提出,教学模式就是导向特定学习结果的一步一步的程序,认为教学就是构造学习环境,对能力、兴趣需要各不相同的学生的学习进行有效组织和引导的过程。

20 世纪 80 年代以来,我国教育界对教学模式的研究日趋重视,并取得了不少有益的研究成果。目前国内对教学模式的定义有多种,不同的定义之间有区别也有联系。有学者认为,教学模式也就是俗称的教学"大方法"。这种大方法不仅是一种教学手段,而且是从教学原理、教学内容、教学目的和任务、教学过程直至教学组织形式的整体、系统的操作样式,这种操作样式是可以加以理论化的。也有学者认为,教学模式是在一定的教育理念支配下,对在教育实践中逐步形成的、相对稳定的、较系统而具有典型意义的教育体验加以一定的抽象化、结构化的把握所形成的特殊理论模式。

何克抗教授则认为,教学模式是指在一定的教育思想、教学理论和学习理论指导下的,在一定环境中展开的教学活动进程的稳定结构形式,是教学系统中诸多组成要素(教师、学生、教材和教学媒体等)相互联系、相互作用的具体体现。简单地说,教学模式就是指按照什么样的教育思想、教与学的理论来组织教学活动进程。所以教学模式是很重要的,它是教育思想、教与学理论的集中体现。

上述这些定义从不同角度揭示了教学模式的基本含义。张武升教授总结了教学模式具备的一些基本特点:有一定的理论指导;需要完成规定的教学目标和内容;表现一定的教学活动序列及其方法策略。一个完整的教学模式的实现过程,应该包含有关教学的理论依据、目标、条件(或手段)、程序和评价五个要素。这些要素在教学活动中占有不同的地位,起着不同的作用,具有不同的功能,它们之间既相互区别,又彼此联系,相互蕴含、相互制约,共同构成一个完整的教学模式。

概括而言,教学模式是在一定的教学思想或教学理论的指导下建立起来的较为稳定的教学活动结构框架和活动程序。作为结构框架,突出了教学模式从宏观上把握教学活动整体及各要素之间内部的关系和功能;作为活动程序则突出了教学模式的有序性和可操作性。教学模式是再现现实的一种理论性的简化形式,它通过对教学系统运行过程的分析,运用系统方法总结出的理论简化形式,主要包含三个要点:首先,教学模式是对教学系统运行过程的再现;其次,它是理论性的,代表着教学系统运行过程的理论内容;再次,它是简化的形式,是对教学系统运行过程理论的精心简化。

从我国的现实情况看,20世纪90年代以前的教学模式基本上都是以教师为中心。何克抗教授指出,这种教学模式的优点是有利于教师主导作用的发挥,有利于教师对课堂教学的组织、管理和监控。但是,它最大的缺陷就是忽视学生积极性和主动性的发挥,不能体现学生在学习过程中的主体地位,因而难以培养出富有创造性的创新型人才。为此,应该改革现有的以教师为中心的教学模式,创建新型的、既能发挥教师主导作用,又能体现学生主体作用的"主导—主体相结合"的教学模式,以便激发学生的主动性、积极性和创造性,从而实现培养创新型人才的教育目标。教学模式的改变将引起教学过程的根本改变,也必将导致教育思想、教学观念、教与学理论的深刻变革。所以,教学模式的改革比教学手段、教学方法的改革意义更为重大,当然也更为困难。

二、教学模式种类

（一）建构主义教学模式

建构主义教学模式是在建构主义学习理论指导下建立起来的,是建构主义理论应用于课堂教学的教学模式。它提倡的学习方法是教师指导下的、以学生为中心的学习,其学习环境包括情境、协作、会话和意义建构等四大要素,因此,建构主义教学模式主张在老师指导下,以学习者为中心的学习。学生是信息加工的主体,是知识意义的构建者,而不是外部刺激的被动接受者和被灌输的对象。教师则是意义构建的帮助者和促进者。概而述之建构主义教学模式是指在教学过程中在老师指导下,以学生为中心,以探究为主要学习方式,利用情境、协作、会话等学习环境要素,充分发挥学生的主动性、积极性和首创精神,使学生有效地实现当前所学知识意义构建的教学程序及其方法策略体系。

建构主义思想自皮亚杰以来,在其对学生的学习进行考虑和反思的发展过程中形成了多种流派。虽然各流派在对知识、学习、教师和学生等问题的看法有许多共同处,因而其对教学目标的要求基本一致,但由于各观点侧重点不同,教学中所采取的教学方式和步骤也不一样。目前,研究比较成熟的有：抛锚式建构主义教学模式、支架式建构主义教学模式、随机进入式建构主义教学模式等。

(二)研究性教学理念

研究性教学是建构主义学习理论下形成的与之相适应的一种教学模式和方法。建构主义理论包括认知建构主义和社会建构主义。认知建构主义的开创者皮亚杰和社会建构主义奠基人维果茨基都一样重视学习的认知过程,把学习看成是学习者主动"建构"知识的过程,而不是通过他人"给予"而被动接受和使用的过程。"认知结构产生的源泉是主、客体相互作用的活动,在相互作用的活动中蕴含着双向结构。"

以建构主义为理论支撑的研究性教学是指"学生在教师指导下,以类似科学研究的方式去主动获取知识、综合运用知识解决问题的一种学习方式。研究性学习与一般意义的科学研究具有一定的相似性,如在研究过程中两者都要遵循提出问题、收集资料、形成解释、总结成果这样一个基本的研究程序。在这里,知识都以问题的形式呈现,知识的结论要经过学习者主动的思考、求索和探究。"可见,研究性教学理念的本质是学生主动参与的探索性学习,思维是学习的动力,学生是学习的主人,因此"外语是学会的","学"在这里是研习的意思。

在大学英语教学中倡导研究性教学理念,应该说是为内容教学提供了一条新路。众所周知,外语是一门工具性质的学科,而大学英语的工具性就更显突出。由于没有实质的教学内容,没有像高考这样重要的教学目标,大学英语的听、说、读、写技能训练因而就变得枯燥又机械。只有研究性教学,才使大学英语教学第一次有了真正的教学内容,并且在完成项目的研究过程中,学生的外语能力在实践中得到了锻炼,学生的思辨能力、创新能力得以发展,学生的学习能动性从根本上得到了改观。

但是研究性教学又不是完全淡化外语技能的培养,事实上,将所学的语言知识应用于信息获取、问题分析、精确讲说、书面写作等过程更能培养学生把外语作为一门工具的语言能力。另一方面,研究性教学在大学英语中的应用又有别于英语专业的研究性教学。英语专业的研究性教学是对英语语言学、文学和英语文化等的专业知识的学习和研究,而大学英语的研究性教学是让学生在一定范围内自主选题,题目可以是人文社会的,也可以是自然科学的,这样既锻炼了语言能力,又培养了思维能力,扩展了学生的知识面,一举多得。

近年来,美国和日本等国家都设置了类似的"研究型"课程,其共同点是:重视知识的掌握,但更注重学习的方法,强调主动学习和科学精神与人文情怀并重。

(三)人本主义学习理论

人本主义学习理论对学习本质的揭示是从人的自我实现和个人意义的角度加以描述,认为学习是个人自主发起的,使个人整体投入其中并产生全面变化的活动,是个人的充分发展,是人格的发展,自我的发展。根据人本主义学习理论,美国心理学家马斯洛、罗杰斯等创立的人本主义理论提出了10条学习原则:

(1)人生来就对世界充满好奇心,人类生来就有学习的潜能;

(2)当学生觉察到学习内容与自己的目的有关时,有意义的学习就发生了;

(3)当学生的信念、价值观和基本态度遭到怀疑时,他往往会有抵触情绪;

(4)当学生处于相互理解和支持的环境里,在没有等级评分却鼓励自我评价的情况下,就可以消除由于嘲笑和失败带来的不安;

(5)当学生处于没有挫败感却具有安全感的环境里,就能以相对自由和轻松的方式去感知书本上的文字和符号,区分和体会相似语词的微妙差异,换言之,学习就会取得进步;

(6)大多数有意义的学习是边干边学、在干中学会的;

(7)当学生负责任地参与学习时,就会促进学习;

(8)学习者自我发起并全身心投入的学习,最深入,也最能持久;

(9)当以自我批判和自我评价为主、他人评价为辅时,就会促进学习的独立性、创造性和自主性;

(10)现代社会最有用的学习是洞察学习过程、对实践始终持开放态度,并内化于自己的知识积累。

简而言之,人本主义理论主张废除以教师为中心的模式,代之以学生为中心的模式,而以学生为中心的关键,是在于使学习者感到学习具有个人意义。

人本主义学习理论强调学习是一种情感与认知相结合的精神活动。在学习过程中,情感和认知是彼此融合、不可分割的两个部分。整个学习过程是教师和学习者两个完整的精神世界的互相沟通、理解的过程,而不是以教师向学习者提供知识材料的刺激,并控制这种刺激呈现的次序,期望学习者掌握所呈现的知识并形成一定的自学能力和迁移效果的过程。由此可以理解,教学也不再是以教师为中心,以知识输入讲解为主要方式的活动了。要使整个学习活动富有生机、卓有成效,需要以学习者为中心,深入其内在情感世界,以师生间的全方位的互动来达到教学目标。这不同于多年来我国大学英语教学课堂以教师为主体,以教师讲解传授为主要形式的教学方法。

(四)后现代主义教学观

后现代主义教学观是在对教育"现代性"进行深刻反思的基础上形成的,具有开放性、超前性和创新性等特点。

后现代主义在我国最早出现在20世纪80年代初的《读书》杂志上,1985年美国杜克大学的弗·杰姆逊教授在北大开了名为"后现代主义与文化理论"专题课,在此之后,后现代主义在中国得到了快速发展。总体而言,它是对现代主义所崇尚的总体一致性、规律性、线性和共性及追求中心性的排斥,主张以综合、多元的方式去建构,具有非中心性、矛盾性、开放性、宽容性、无限性等特征。

后现代主义教学观对大学英语教学改革的启示表现在:

(1)在打破"完人"教育目的观的同时,后现代主义者提出了自己的教学目的观。他们主张学校的教学目的要注重学生各方面的发展,不强求每个受教育者都得到全面发展,要培养符合学生自己特点及生活特殊性的人,造就具有批判性的公民。

(2)后现代主义认为现代主义的课程观是唯科学的、封闭的,多尔从建构主义和经验主义出发,吸收了自然科学中的理论,把后现代主义课程标准概括为4R原则,即丰富性、循环性、关联性及严密性。

(3)后现代主义认为教学过程是一个自组织过程。自组织是一个通过系统内外部诸要素相互作用,在看似混沌无序的状态下自发形成有序的结构的动态过程。

(4)后现代主义的师生观认为,在传统的教学中,教师处于知识传授的中心地位,而学生处于被动和弱势的地位。教师是话语的占有者,学生的自主性和潜能受到了压制,故后现代主义认为,必须在课堂教学中建立师生平等对话的平台。在科学技术日新月异的影响下,知识的传播已经发生了很大的变化,教师的主要任务是教会学生使用终端技术和新的语言规则。师生关系中,教师从外在于学生的情景转向与情景共存,教师的权威也转入情景之中,他是内在情景的领导者,而非外在的专制者。

(5)后现代主义的教学评价要求实施普遍的关怀,着眼于学生无限丰富性发展的生态式激励评价,让学生充满自信,每个个体都各得其所,始终获得可持续发展的动力。它强调教学评价应该体现差异的平等观,即使用不同标准、要求,评价不同的对象,主张接受和接收一切差异,承认和保护学习者的丰富性、多样性。

(五)学术英语教学理念

学术英语也是近来在大学英语教学改革中提到的一个新的课程设计理念,它是针对在大学英语教学中盛行了几十年的基础英语提出的。基础英语的教学重点是语言的技能训练,包括听、说、读、写、译等,而学术英语分为两大类:一般学术英语和专门用途英语。前者主要培养学生书面和口头的学术交流能力,后者主要涉及工程英语、金融英语、软件英语、法律英语等课程。

以学术英语为新定位的大学英语教学,既区别于以往的以语言技能训练为主的基础英语,也区别于大学高年级全英语的专业知识学习或者"双语教学",当然也区别于英语专业学生所学的人文学科方面的专业英语。它是基础英语的提高阶段,即在学生掌握了一定的规则和词汇,达到了一定的水平后,为他们用英语进行专业学习做好语言、内容和学习技能上的准备,是在大学基础教育阶段为今后全英语专业知识学习打下基础的一种教学模式。

三、英语教学法评述

外语教学方法是在外语教学实践中,经过人们长期的反复探索,不断总结而形成的一系列行之有效的教学方法。一个良好的教学方法,可以为外语教学和研究的进一步发展打下基础。英语教学中我们采用几种有效教学方法并在英语教学中实践应用,总结出英语课堂教学实践中应根据学生实际情况采取多种教学手段传授知识,注重能力的培养,提高外语教学水平。我们在近几年的英语教学实践中,一点点地从传统的单一讲解教法中解脱出来,在英语课堂教学中充分使用质疑法、联想法、任务教学法、启发式教学法等多元化手段传授英语知识,收到较好的效果。

(一)质疑教学法

以"学生为中心"的课堂交互活动教学模式常见的为师生间的"IRF"形式,即激发(initiation)、应答(response)、反馈(feedback)。教师常以提问的形式发起交流活动,而后学生作答,教师提供反馈(包括评估、纠错和建议等),三部分依次往复,循环进行。用此方法首先教师提出问题由学生进行思维答辩,在答辩中得出正确结论。课堂教学围绕答疑解惑的过程有序进行,质疑法可针对某一语言或语法现象,在课堂教学或练习讲评时使用,也可针对文章的主题、段落的理解、作者的意图等。课堂提问是一项重要的教学手段,是课堂上师生之间交流的一种方式,更是一种艺术。利用好质疑教学法是一种有效的教学途径。而教师的质疑提问要有启发性,提问的形式要具有创造性,要有新奇感、幽默感。所提问题能激发学生思考,促进学生的思维发展,引导学生积极探索,使学生不仅说出其然,还能说出所以然来,并提出自己的见解。

(二)任务教学法(Task-Based Approach)

英国 Aston 大学 Jane Willis(1996)在其论著中提出:任务教学法(TBA)的教学目标定位在学习过程和完成任务的操作过程上,注重学生的思维量和活动量;重视不同发展水平,不同潜能学生的个体特征;关注学习过程中的各种学习体验。TBA 体现了以学生为中心的原则,能够激发学生的学习兴趣,其优势在以下几个方面。

1. TBA 有利于提高学生的英语交际应用能力

TBA 反映出外语教学从重视语言知识向重视语言交际能力的方向转变,体现了外语教学从重视教师的作用转为重视学生的作用,从以教师为中心转为以学生为中心。以交际理论为基础的 TBA 宗旨是引导学生解决问题,在解决问题的同时习得语言和掌握运用语言的规则,它重视学生运用语言的能力,在教学过程中强调学生交际技能的掌握,如完成角色扮演、小组讨论、两人对话、分组辩论、回答提问、模拟采访、民意测验和陈述报告等交际任务,同时还要求学生模仿课文的内容与各种文体的短文,如记叙文、议论文及应用文等。

2. TBA 有利于培养学生听、说、读、写的综合技能

现代外语教学理论主张把听、说、读、写看成是一个整体,既有联系,又互相作用,但不是独立的。在 TBA 教学法指导下的教学活动中,每项活动都有若干任务,这些任务包括一种或多种技能训练,只是侧重点有所不同。如以阅读为主的活动任务主要是读、写、说;而以听说为主的活动主要是听和说。因而 TBA 教学法综合训练了学生的四种技能,符合语言习得的自然规律。

因此 TBA 的主要优势在于:外语教学运用真正目的意义上的真实交际。其目标是集听、说、读、写四项技能于一体。在 TBA 模式中,可用的任务其范围提供了一个很大的弹性空间激发学生学习活动。

3. 启发式教学法(Heuristic Teaching Method)

启发式教学的关键在于"启"和"发"二字,即启迪思维,激发内因。启发式教学模式是改变以前"以教师为中心"的教学方式,给学生充分的时间和空间,建立一种能培养学生独立开展创造性语言交际环境的课堂教学形式。启发式教学,在教育目标上强调传授知识的同时重视运用能力的培养以及非智力因素的发展;在教与学的关系上,采取"以学生为中心"的原则;在教学方法上,着重于充分调动学生学习的主观能动性,培养学生英语综合应用能力。启发式教学是根据学生本来水平、兴趣等实际情况,科学而生动地阐明事理,启发、引导学生乐于学习,勇于、善于探索的教学法。

启发式教学方法所注重之点是要掌握处理经验中各项问题的方法。能给学生留下最持久印象的教师应当是能够唤起学生新的理智兴趣,把自己对知识的热情传导给学生,使学生有探究的渴望,找到自身的动力。启发式教学法是教师在教学

过程中依据学生获得和掌握知识和技能所需要的思维过程的客观规律,引导学生主动、积极地掌握知识的教学方法。

4. 联想教学法(Association Method)

外语学习离不开记忆,心理学研究表明记忆的关键在于重复,但重复时应注意方式的变化,避免在同一种情况下长期机械地重复。心理学研究还表明,在大脑之中,联成网络状的知识记得最牢固、最清楚。联想是有机重复及网络形成的最佳契合点。抓住机会及思想灵感,有目的地就相关知识展开联想,既可以做到有机重复,又可以起到触类旁通的作用,把分散的知识联成网络,符合人的认知规律。

联想,就其采用的形式而言,主要有临近联想、类比联想、对照联想、因果联想等。从语言教学的角度来看,就是当某一语言材料与另一语言材料有相同或相似之处时,由一材料引起对另一材料的联想。能唤起联想的语言材料比比皆是,联想的方法也多种多样。

运用联想教学法最重要的是教师要对大纲、教材了如指掌,需要在教学之中贯彻。要教会学生联想,教师首先应该在备课时联想,抓住灵感闪现的火花,及时从后往前,在教材之中查找可以联想在一起的内容。只有教师在自己大脑中先构建成网络,才能在教学中胸有成竹地引导学生通过重复,组成网络。如通过一个词联想起它的内容时,教师应该能够准确地说出所联想的内容在前面第几课出现过,要求学生马上重温,借助于温故而知新的方式来体现科学的学习方法。

作为英语教师,教学方法得当与否关系着学生能否学好外语。实践证明多元化教学的一个基本原则是以学生为中心,适当的教学方法,有效的教学手段,个性的学习策略是外语教学和学习成功的基础。在英语教学中,无论单一采用哪一种方法,都不会取得满意的效果。我们在不同的教学阶段,根据不同的教学对象,采用多种教学方法进行英语教学,不仅能把分散的、零星的语言材料系统化、条理化,巩固并增强记忆,完善并发展智力,而且能拓宽知识的广度,挖掘知识的深度,提高综合运用语言知识的能力,从而有效地搞好教学。

第三章 跨文化交际与英语教学

第一节 跨文化英语教学的理论基础

语言变化与社会发展同步进行,英语教学作为一门应用型学科必须以社会发展的需要和学习者个人进步的需要为出发点,以帮助学习者适应社会的政治、经济及文化发展为己任。跨文化交际成为当今世界的时代特征,跨文化交际能力成为学习者适应这一时代发展需要的必备能力,跨文化英语教学在这种背景下应运而生。

一、高校英语跨文化教学理论基础

(一)语言与文化,语言教学与文化教学的关系

语言与文化之间密不可分的关系已经得到广泛认可。传统英语教学的基础学科——语言学,也从单纯的语言形式研究的禁锢中解放出来,衍生出了社会语言学、语用学、心理语言学等分支学科,进行了大量跨学科研究,使语言与思维、社会、文化和交际之间千丝万缕的联系逐渐被认识。任何一种语言的产生和发展都依赖于该语言群体及其赖以生存的社会文化。语言不仅具有表情达意的交际功能,它还是感知和思维的表现系统,前者是语言的外显功能,以语言输入和输出为形式;后者是语言的潜在功能,属于认知心理活动。两方面相辅相成,构成语言使用的全过程。

任何人际之间的交际都从个体对外界环境进行选择性的感知开始,这个感知活动受个体的语言、文化和经历的影响。通过各种身体器官(视觉、听觉、触觉等)

感知的结果然后经过大脑活动转换成概念或思想,这两个过程构成语言表达的第一阶段,即输入、内化阶段。要让对方知道自己的思想,还必须借助语言系统外化自己的感知结果和思想,这就是语言使用的外化、输出阶段。这一过程首先是将已经形成的概念和思想转换成能用外化的一个新的符号系统。这不是真正意义上的语言学习,在这种情况下,学习者学到的只是一套脱离了原来赖以生存的文化内容的符号系统,学习者只能用它来表达自己本族文化的一些思想内容,却无法将其作为与目标语语言群体进行交流的工具,因为离开了该语言所反映的社会文化现实,这一新的符号系统就好像一个没有了血肉的、僵化的躯干,失去了其原有的活力和价值。Bennett 将这种熟练掌握了一门外语的语言体系,但是不懂该语言所蕴含的社会文化内容的人戏称为"流利的傻瓜"。他指出,这些"流利的傻瓜们"尽管懂得交际对象的语言,但是由于不理解他们的价值观念,所以会陷入各种麻烦之中,不是去冒犯别人,就是感到被别人冒犯,久而久之就可能对交际对象形成负面、消极的看法。

英语学习的目的多种多样,但是就正规的学校英语教学而言,提高学习者英语交际能力是一个共同的目标。英语交际能力的提高必然要求学习者了解目标语言所反映的文化意义系统,通过将目标文化与本族文化进行对比,调整和修改自己的认知图式和参考框架。只关注语言符号和语言形式,忽视语言使用中的文化内涵的教学显然是毫无意义的,英语教学应该与文化教学有机结合。

跨文化交际能力这一概念将跨文化交际学和英语教学两门学科联系起来,使两个原本独立的学科开始相互渗透、相互借鉴:英语交际能力作为跨文化交际能力的重要组成部分,逐渐受到跨文化培训人员的重视;文化与语言血肉相连,文化知识的学习和跨文化交际能力的培养理应成为英语教学家族中的成员。

(二)跨文化英语教学是英语教学发展的需要

英语教学是一门极其复杂的应用型学科,涉及学习者的认知心理、教师的教育观念、社会的政治经济环境等诸多方面,因此英语教学理论的建立需要借鉴很多不同学科的研究成果。而且,由于英语教学的宗旨是为社会和学习者个人发展服务,培养社会发展所需要的人才,所以随着社会的飞速发展,英语教学工作者也应及时更新观念,调整教学大纲和教学方法,以跟上时代发展的步伐,这就是第三次社会化过程的基本含义,也是英语教学为提高学习者综合素质所做出的贡献。

跨文化英语教学无论从语言与文化的关系和英语教学的需要来看,还是从社会发展的外部环境来看,都是十分必要的。一方面,文化作为英语教学的有机组成部分,为语言学习提供了真实而又丰富多彩的语境,使语言学习与真实的人和事物联系起来,从而刺激了学习者外语学习的积极性,增强了他们的学习动机,因此有利于促进外语语言教学,提高教学效果。另一方面,将语言教学与文化教学结合起来符合跨文化交际能力培养的需要,因为不学习目标语言,不通过交际实践,只通过媒体等渠道了解目标文化,只能是一种间接的文化学习,学习者不可能获取跨文化交际的亲身体验,因此很难在情感和行为层面达到跨文化交际能力的要求。在外语教学中进行跨文化培训可谓一箭双雕,既满足了语言学习的需要,又促进了跨文化交际能力的提高,从而充分发挥了英语教学的潜力。

到现在为止,我们的讨论还只停留在对跨文化英语教学的必要性和先进性的探讨上。理论说明固然重要,但是跨文化英语教学如何实施的问题则具有更实际的意义,如何在大纲和课堂教学中体现跨文化外语教学的思想是教师和学生更加关心的问题。

二、跨文化英语教学:目标和内容

确定目标和标准是教学计划和教学实践的第一步。跨文化外语教学近二十年来在美国和欧洲等国家发展很快,跨文化英语教学这一术语的使用目前并不统一。这里所指的跨文化英语教学在吸收这些理论思想的基础上,将跨文化外语教学思想又向前推进了一步,形成了具有中国特色的跨文化外语教学框架,确定教学目标,界定教学内容是这一框架的两个重要环节。

(一)跨文化英语教学的目标

跨文化英语教学的总体目标是:提高学习者的英语交际能力(语言文学目标,

初级目标);培养学习者的跨文化交际能力(社会人文目标,高级目标)。跨文化英语教学是交际法英语教学的延伸和发展,如果说提高英语交际能力是交际法英语教学的最终目的,那么它只是跨文化英语教学的一个部分,是促进跨文化交际能力培养的一个重要手段。这并不意味着英语交际能力培养应该附属于跨文化交际能力的培养,是一个次要的教学目标。实际上,在跨文化英语教学中,两个目标的实现同等重要。英语交际能力以目标语言和文化的学习为核心,以语言交际能力和阅读能力的提高为重点,是英语教学实用的语言文学目标。跨文化交际能力的培养作为英语教学的高级目标,是通过进行文化对比,增强跨文化意识,学习普遍文化知识,培养多视角的、灵活的、立体的思维能力和与不同文化群体进行交际的技能,来发挥英语教学对于学习者个人素质和综合能力培养所具备的潜力,这是英语教学的社会人文目标。虽然在一定程度上,英语交际能力是跨文化交际能力的前提和基础,但是,跨文化交际能力的培养过程,同样可以促进英语交际能力的提高,因此它们之间是一种相辅相成、相互渗透、共同发展的关系。

对英语交际能力的研究经历了一个发展完善的过程,基本上已经形成一套相对稳定、成熟的理论体系,这些理论在英语教学实践中得到了检验和充实。同样,跨文化交际能力作为跨文化交际研究的主要课题之一,也受到许多研究者的重视。由此可见跨文化交际能力在英语教学和跨文化交际两个学科领域之间所起的桥梁作用。尽管英语交际能力和跨文化交际能力都已在各自的领域得到了极其充分的研究,但是跨文化英语教学的目标和内容并非两者的简单相加。由于语言与文化教学的有机结合是跨文化英语教学的本质特征,因此一个相互渗透、融为一体的语言和文化教学框架才是我们追求的目标,语言与文化的有机结合应该从确定教学目标开始,贯穿英语教学的其他环节和整个过程。我们首先从教学目标着手。

英语中用 goals, aims 和 objectives 等 3 个词来表达不同层次的教学目的。前面我们已经提到了英语教学的两个目标,即 goals,这是对教学目的的一个总体、抽象的描述。只有对抽象的目标进行具体分析,才能将其转化成可供外语教育工作者教学设计的依据和参考,这些细化了的目标就是教学目的(aims)。与这些目的相伴而生的是衡量达到这些目的的标准(standards)。目的和标准的确定非常重要,因为一方面它是对总体目标的细分,是总体目标实现的衡量标准;另一方面又是对教学具体实施的指导,是确定课堂教学目的(objectives)和教学活动的基础,同时也是教学评估和测试的基础。这种承上启下的作用决定跨文化英语教学要得到英语教学界的普遍认可,成为一个健全、合理和实用的英语教学法,必须有明确的教学目的和标准。

教学目的和标准的确定基本上属于一种政府行为,一般是由政府教育机构发起,委托数名专家组成项目组进行调查研究,提交报告,最后再由教育部门审定和颁布,并监督实施,如美国1996年公布的面向21世纪全国英语教学标准,以及各州随后根据这一全国标准和地区的实际情况所制定的英语教学的目的和标准。这说明教学目的和标准的确定受社会文化和政治经济等客观环境的影响,虽然跨文化英语教学的本质特点适用于任何国家和地区,但是其教学目的和标准以及教学方法在美国和欧洲可能有所不同。同样,在中国的国情下,跨文化英语教学也应该具有自己的特色,不能一味模仿,全盘照搬西方国家的做法。

1. 知识层面

语言意识即知道语言的基本特点和功能,理解语言和语言使用与社会文化之间的关系;文化意识是知道文化的基本概念和特点,理解文化与语言之间的相互作用;目标文化知识包括了解目标文化的交际风格,了解目标文化的非语言交际特点,了解目标文化的社会习俗,了解目标文化的社会结构,理解目标文化的价值观念,了解目标文化的历史、地理和环境,了解目标文化的文学和艺术。

2. 能力层面

英语交际能力包括语言能力、非语言交际能力、社会文化能力、交际策略;跨文化交际能力指的是能够分析和观察文化现象,能够将目标文化和其他文化与本族文化进行比较,能够反思并更好地理解自己的民族文化和个人文化参考框架,能够接受文化差异,将文化差异与不同的价值、意义系统联系起来,能够根据交际场合和交际对象调整自己的言行,能够以跨文化的人的身份参与跨文化交际,做一个文化协调员,能够采用灵活的、多角度的立体思维方式,意识到不同文化没有好坏优劣之分,只有异同的存在。以上跨文化英语教学的目标框架以培养学习者英语交际能力和跨文化交际能力的总目标为宗旨,从认知、行为和情感3个层面对教学目标和目的进行了描述,为教学内容的选择、教材的编写、教学方法的设计、教学测试和评估以及教师培训等环节提供了依据和参考。

(二)跨文化英语教学的内容

跨文化英语教学的目的包括知识、能力和态度3个层面,因此教学内容也应该全面考虑学习者这三方面的需要。下面我们来对所列出的教学内容进行分解。首先,跨文化英语教学内容由4个模块构成:目标语言、目标文化、其他文化和跨文化交际能力。目标语言和目标文化这两块的内容与我们现行英语教学的内容基本吻合,通过这两方面内容的学习,学习者能够掌握目标语言知识,并能使用该语言与目标语言群体进行有效交际,这就是英语交际能力。值得一提的是,在这两个模块中分别增加了"语言意识"和"文化意识"两项内容。将语言意识列为教学内容是希望学习者通过学习目标语言,反思自己的母语,了解语言的普遍规律,尤其是了解语言与社会和文化之间的关系。同样,培养学习者的文化意识是为了让他们了解文化的构成、文化的作用、文化的发展规律等文化相关知识,文化意识是跨文化意识和跨文化交际能力培养的基础。此外,文化交流作为目标文化教学内容的组成部分,指的是学习者本族文化和目标文化之间的交流,即学习者在学习目标文化知识的同时,不断寻求机会,或由教师创造机会,去体验目标文化,并且反思本族文化,将目标文化与本族文化进行比较,以增强对文化差异的敏感性,培养对目标文化的移情态度。值得注意的是文化交流与语言使用应该属于同一个内容范畴,因为它们通常是相伴而行,同时进行的,文化是交流的内容,语言是交流的手段。

英语教学内容的第三模块是其他文化的教学。这是跨文化英语教学不同于其他以文化为基础的英语教学的特点。如果说英语交际能力是以目标语言和目标文化的掌握及应用为目的,那么跨文化交际能力则是一种以学习者母语和本族文化以及目标语言和目标文化的学习、交流、反思和体验为途径,同时兼顾学习和了解其他语言和文化的特点,进而超越各种具体文化束缚的一种灵活的交际能力,是以与来自世界各种不同文化的人们进行有效交际为目的的能力。如果英语教学完全排除其他文化的内容,势必会造成学习者徘徊于本族文化和目标文化之间,而忽略了其他文化的存在,这不利于培养学习者的跨文化意识,也不利于跨文化的人的培养目标的实现。虽然英语教学由于时间和精力的限制,不可能让学习者同时全面学习和体验多种不同的文化系统,但是在一定程度上了解除本族文化和目标文化之外的其他文化的特点是可行的,可以通过教学材料的选择和教学方法的设计来完成。

跨文化英语教学内容的另外一个范畴是跨文化交际能力的培养,它包含的教学内容很多。其中跨文化意识指的是对文化差异敏感性和态度的培养,跨文化交际能力是一个宽泛的概念,包含知识、能力和情感各个层面的综合素质。而跨文化交际实践,作为教学内容之一,主要是由教材和教师提供或创造跨文化交际的机会或情景,让学习者去体会跨文化交际过程中可能出现的问题,如文化冲撞、误解等,在教师的帮助下,他们从中学会自我调节,掌握解决问题的方法。在这个教学内容模块中还包括了跨文化研究方法的教学,其意义在于跨文化交际能力的培养是一个终身学习的过程,学习者不可能在学校教育期间学习世界所有不同的文化,英语教学也不可能预计学习者将会遇到的各种跨文化交际情景,因此掌握跨文化研究的方法是最现实、最有效的途径。

三、跨文化英语教学大纲的特点

跨文化英语教学的本质特点是以跨文化交际能力为组织原则,以文化为中心的英语教学,这显然与提高外语阅读能力或英语交际能力为目的的英语教学不同。除了上节论述的目标、目的和内容上的区别之外,教学大纲的组织结构也有很多不同之处。

(一)三种英语教学大纲比较

早期传统英语教学的大纲受语言学影响,具有很强的科学性,英语教学内容被线性分割,语音、语法、词汇等作为教学的主要内容,与它们得以存在和使用的、真实的社会文化语境几乎完全脱节,学习者的主观思想和个人体验更是被置于九霄云外。这种客观科学的教学大纲的典型代表是直接法和听说法。后来的交际法英语教学和其他一些以语言能力为目的的英语教学法采取的是一种介于科学性教学大纲和人文性教学大纲之间的、过渡性和连接性的课程大纲，其特点是强调学习者使用所学语言知识，来表达自己的思想和感情的重要性。在这个教学大纲中，意义的理解和表达重于语言结构和形式的学习，学习者的个人需要和主观作用得到了一定程度的认可。人文性的教学大纲考虑英语教学的社会、经济和政治环境，以及学习者自己的知识和体验对于英语教学的作用，沉默法、暗示法和社团学习法都属于这种人文性的英语教学模式。

交际法和人文性大纲都包括了文化内容，只是前者的文化教学较为肤浅，只涉及与语言和语言使用相关的文化内容，忽视了社会文化环境和学习者个人文化背景在英语教学中的作用；后者的文化内容虽然较之要丰富、自然得多，但是，其目的仍然是促进语言教学，因此文化在英语教学中仍处于辅助、次要的地位，文化教学自身的价值和独立性没有得到重视。只有跨文化英语教学才真正认识到文化教学不仅对语言学习必不可少，而且也是跨文化交际能力培养和学习者个人综合素质发展的必经之路。将文化教学提高到与语言教学同等重要的地位是跨文化英语教学的创举，因此跨文化英语教学大纲将充分体现这一特点。

(二)跨文化英语教学大纲的特点

跨文化英语教学大纲的特点可以归纳为以下几点。

1. 文化与语言互为目的和手段，共同构成英语教学的基础内容

文化是语言存在和使用的环境，学习语言形式和语言使用中所蕴含的文化内容，使语言学习更加全面深入，真实生动。语言教学材料因为文化内容的全面渗透而被置于一个真实的、丰富多彩的文化环境之中，拉近了学习者与学习对象之间的距离，使学习个人化、自主化，有利于刺激学习者外语学习的积极性，促进英语交际能力的提高。从这个意义上来说，文化学习的目的是更好地学习语言，文化学习是语言学习的手段。这种观点得到了很多外语研究者和教师的认可，并在英语教学中广泛实施。然而，在跨文化英语教学中，这只是一个方面。

语言是对文化的反映,语言学习必然是文化学习。语言学习的目的是习得目标语言,掌握一个新的交际工具,它同时也是为了开阔眼界,学习者通过学习和使用目标语,来学习和体验目标文化,并在此基础上接受跨文化培训,培养跨文化意识,获取跨文化交际能力。所以说,语言学习是文化学习的手段,而文化学习是语言学习的最终目的。

值得一提的是,母语和本族文化在这一教学过程中起着重要的作用。它们虽然不是教学的主要内容和目的,但是在培养语言意识和文化意识,进行文化对比时,母语和本族文化的作用不可轻视。而且,根据跨文化英语教学的标准,反思并更好地理解自己的民族文化和个人的文化参考框架也是教学目的之一,因此制定大纲时应该考虑这一点。

2. 文化教学与语言教学有机结合

这是对前一点的继续说明。处于同等重要地位的语言与文化内容的有机结合贯穿英语学习各个阶段(初级、中级和高级)、各个环节(英语教学计划、课堂教学和教学评估与测试等)和各门课程(听、说、读、写等)。虽然根据学习者的语言、文化和认知水平,在不同阶段语言和文化的学习会各有侧重,但是,就英语教学整体来说,两者处于同等重要的地位。正因为两者天生不可分割的关系,它们在实际教学中也应该是你中有我,我中有你。当然,语言与文化在英语教学中的有机结合并非易事。教学内容的膨胀和不熟悉的教学要求往往会使缺乏经验的教学设计者和教师难以兼顾,顾此失彼。这就要求大纲制定者、教材编写者和教师培训者等各路专家广泛合作,充分研究语言与文化在教学中结合的途径,将研究结果转换为实用的、操作性强的、系统化的大纲、教材和培训项目,给教师以足够的准备和实实在在的帮助。

跨文化英语教学的目标是通过小学、中学、大学,甚至持续到大学毕业后的英语教学和社会实践来实现的,这是一个连续的、一贯制的学习过程,在这个过程中有很多因素会对教学成果产生影响,其中各阶段教学目标的确定、课程设置、教学活动、教学方法、教学原则、教材、测试和教师等因素起着决定性的作用。

第二节　跨文化英语教学的方法

一、跨文化英语教学的原则

一般来说，教师是教学的主要执行者，是教学的主体，韩愈所说的"传道、授业、解惑"就是对教师的主导作用的精辟描述。但是在跨文化英语教学中，教师的主体作用得到了不同阐释，学习者的中心地位凸显出来，英语教学也因此呈现出不同的特点。这些特点集中表现于以下四条教学原则。

（一）以学习者为中心，以引导学习者进行自主学习为主要教学模式

学习者是教学过程的真正主体，教师的教学、教材的编写和教学方法的设计和选择都必须围绕学生的实际需要进行。在跨文化英语教学中，不仅学习者的英语语言学习需要受到应有的重视，在整个教学过程中，他们对母语和本族文化的体验和理解、对目标文化和其他文化的态度、个人综合素质的提高，包括立体思维方式的形成和跨文化交际能力的培养，甚至对整个人生的态度等等很多与学习者的过去、现在和未来密切相关的主题都是教学设计和教学活动的考虑因素。就教师而言，引导学习者进行自主学习是其主要任务。虽然知识的传授和规则的讲解仍然必不可少，但是教学的中心应该转向学习者自主学习能力的培养。这一点对于跨文化英语教学来说非常重要，原因之一是当今世界信息爆炸，知识不断更新，培养终身学习的思想，掌握独立学习的方法成为教育界普遍关注的一个趋势。另一个原因是跨文化英语教学的目标和内容相对于传统的英语教学而言扩大了无数倍，而教学时间基本不变，不可能有大幅度的增加，因此学习者在校期间有很多教学内容无法接触和学习，教师只有通过"授之以渔"的方法，才能确保教学目标的最终实现。这也是为什么将学校外的英语和文化学习也纳入整个教学体系的原因。以学习者为中心、以学习为中心的思想在后面几条原则中也都有体现。

(二) 语言教学与文化教学有机结合

语言和文化在跨文化教学中互为目的和手段。英语发展成为国际通用语的动因之一是跨文化交际日益频繁,来自世界各地、各民族、各文化群体的人们需要这一通用语作为沟通和交流的媒介,因此英语学习的目的之一就是进行有效的跨文化交际。而且,由于英语语言学习本身涉及文化的学习,所以我们完全有理由说,英语语言的学习是文化学习的手段,文化学习和跨文化交际是英语学习的目的。反过来,文化学习为英语语言学习提供丰富多彩、真实鲜活的素材和环境,大量文化材料引入英语教材和课堂,不仅使英语学习生趣盎然,而且是英语交际能力培养的重要保证。总之,跨文化英语教学包含语言教学和文化教学两个相辅相成、不可分割的方面。

所以,在教学设计和课堂教学中语言教学和文化教学必须有机结合。这种结合体现在英语教学的各个阶段、各个环节。虽然,根据学习者的认知水平和学习需要,在不同阶段和不同课程中,语言和文化各有侧重,但是在跨文化英语教学中没有单纯的语言课或文化课,只要具有这种意识,总能找到两者的结合点。

(三) 从实用主题过渡到间接、抽象的意识形态领域

不同年龄层次的学习者在认知水平、情感发展和经历、经验上都有很大的差别,这些差别必然导致教学内容和教学方法的不同。一般情况下,对于年龄较小的学习者来说,与他们的生活和学习息息相关的、具有可比性的、具体的、直观的教学材料较为合适。随着学习者认知水平的发展,心理承受能力的增强和人生体验的增加,语言和文化教学内容的深度和广度逐渐扩大到一些间接的、复杂的、需要进行抽象思维的意识形态领域。就文化教学而言,这种相关性和适合性的原则更至关重要。跨文化交际能力的培养是一个漫长而复杂的过程,在这个过程中,学习者对母语和本族文化理解和体验是学习过程中不可缺少的一部分,学习者在学习外国文化的同时,还一直处于一种自我认识、自我反省、自我批评、自我完善的状态之中,任何与他们的经历和认知能力相距甚远的教学内容和方法都将背离以"自我"

与"他人"比较对照的文化学习原则。

（四）平衡教学内容和教学过程的挑战性

任何教学活动都涉及教学内容和教学过程两个方面。为了取得最大的教学效果，内容的安排和过程（即教学活动）的设计必须考虑对学习者的挑战和支持程度。理想的教学应该是挑战和支持得到很好的协调，如果内容复杂，难度较高，那么教学活动或过程就应该相应降低难度，给学习者较多的支持；相反，如果内容简单、难度较低，教学活动就应该具有较高的挑战性。只有这样，才能保证学习者从教学中得到最大的收益。否则，复杂的教学内容如果被置于挑战性很强的教学活动中进行学习，学习者就会有很强的恐惧心理和挫折感，不利于调动他们的学习积极性；相反，如果内容简单，教学活动又缺乏挑战性，那么学习者的学习潜力不能得以发挥，而且他们也会觉得乏味，学不到东西。

处理好教学内容与过程，挑战与支持之间的辩证关系是跨文化培训的一个重要理论和原则，它对于跨文化英语教学来说同样适用。

二、跨文化英语教学的常用方法

近年来，随着跨文化培训和英语教学的蓬勃发展，文化教学方法和语言与文化结合教学的方法层出不穷，首先介绍几种常用的文化教学方法，然后对如何在实际教学中将文化教学与语言教学有机结合进行探讨。

（一）文化教学的常用方法

文化教学方法大都是由跨文化培训专家通过实践，结合社会学、文化学、教育学和心理学的相关理论研究开发出来的。目前，广泛使用的方法归纳起来有以下几种。

1. 文化讲座

讲座作为传授知识的一种有效手段，对于文化教学来说也是必不可少的。跨文化交际能力的培养需要学习者了解和掌握相关文化知识，如文化的本质特点和功能,文化包含的内容和范畴,不同文化的价值观念和习俗规范等,都可以通过讲座的形式传授给学习者,不同文化主题构成一系列的文化知识讲座,有利于学习者进行系统文化知识的学习。但是,文化讲座提供给学习者的大都是间接的经验,而且大量冗长的讲座往往会使学习者感到厌倦,所以我们在设计讲座时应该力求简明扼要、生动有趣,而且还要辅之以其他方法来强化讲授内容。

2. 关键事件

通过分析实际跨文化交际中发生的、具有典型代表意义的失败案例来说明跨文化交际中误解产生的原因,帮助学习者了解两种不同文化在某个方面的不同期望和表现。具体做法是,首先对来自不同文化背景的交际双方之间所产生的误解及情景进行描述,然后给出4个解释误解产生原因的选择,让学习者根据自己的理解进行选择,如果一次选错,就请他们再选,直至选对为止。由于这些案例通常来自真实的交际,对学习者来说非常有趣,而且因为这些案例具有代表性和启发意义,能够刺激学习者在阅读案例和选择答案时进行思考,有利于跨文化敏感性的培养。

3. 模拟游戏

这是一种亲身体验式的活动,旨在挑战假想,扩大视野,促进能力的提高,学习者通过模拟游戏可以感受一些自己尚未经历过的情景,从中获取经验和认识,这对于文化学习者来说至关重要。

以上各种方法虽然以跨文化能力培养为主要目的,但是经过变通和再设计也可以与英语教学有机结合,成为跨文化英语教学的方法。

(二) 文化教学与语言教学有机结合的方法

除了以上文化教学的各种方法之外,我们还可以在促进教师和学生改变教学观念的基础上,通过对传统英语教学方法和手段进行改革,开发出一些将文化教学与英语语言教学有机结合的方法。

1. 通过文学作品分析来进行文化教学

文学作品分析是语言教学的一个常用手段,中国很多英语教学活动都是通过分析和欣赏文学作品来进行的。文学作品蕴含丰富的文化内容,语言形式和文化内容在此得到完美结合,因此在文学作品分析的过程中同时进行语言教学和文化教学不仅是可能的,而且也是必要的。实际上,传统的语言教学在分析文学作品时并没有避而不谈文化内容,只是教师没有将文化教学列入教学目标,文化内容的讲解服务于语言教学的需要,处于一个从属、次要的地位。要改变这一现状,我们必须在确定教学目的和目标时,考虑文化教学的需要,使文化教学内容和语言教学内容并列成为教学关注的对象,利用文学作品是语言和文化完美结合的优势进行跨文化英语教学。

2. 词汇教学与文化教学的结合

任何语言的词汇都承载着丰富的文化信息,每个词所包含的文化内涵是任何词典都无法穷尽的。如"早饭"一词在汉语、英语和法语中,不仅表达形式和发音不同,而且其文化所指也不尽相同。此外,不同语言中的词汇还反映说话者不同的价值观念。正因为词汇及词汇的使用具有浓厚的文化特点,我们在进行词汇教学时不能只停留在词汇的意思和用法上,还应该介绍词汇包含的文化内容,尤其是要呈现词汇在真实文化语境中具体使用的情况。就目前的英语教学而言,词汇教学中文化教学的潜力没有得到充分挖掘,教师通常呈现给学生的都是从词典下载的词义解释,很少能将词汇所蕴含的文化意义介绍给学生。另一个问题是学习者在学习生词时通常处于被动接受的状态,这就导致他们所学的词汇成为一组僵化的符号,无法在真实的交际活动中加以运用。我们在对词汇的本意、比喻意义和文化内涵进行全面介绍的基础上,还应该将它们置于真实的文化语境中进行操练,让词汇知识转换成词汇使用能力。例如,我们教描写人物的形容词时,除了介绍词义之外,还可以选择一些来自本族文化或目标文化的、真实的历史或当代人物,用这些形容词来进行描述;也可以让学习者用这些形容词来描述自己。这样做,学习者既可以学会这些描写形容词的词义,也能了解它们的文化内涵,还有机会接触来自不同文化背景的历史人物故事。显然,这种词汇教学方法将词汇教学与文化教学有机结合,不仅使词汇学习生动有趣,而且将文化学习落到实处。语义场的使用也是词汇教学与文化教学有机结合的一种手段。

3. 阅读教学与文化教学的结合

阅读教学被认为是最容易与文化教学联系起来的教学活动之一,因为只要我们选择那些包含文化内容的阅读材料即可实现语言教学与文化教学的有机结合。然而,事实并非如此,目前很多阅读教师并不能很好地利用阅读教学的这一优势进行有效的文化教学,或是因为受传统的以语言形式为中心的教学思想的影响,或是因为对目标文化知之甚少,阅读教师致力于提高学生阅读速度和阅读理解能力的同时,关注的是语音、语法、词汇、句型和翻译等语言学习的内容,在很大程度上忽视了阅读篇章中蕴含的文化信息,即使谈到相关文化的某些内容,通常也不是以增强学生的文化能力为目的,而是帮助他们更好地理解篇章本身。总之,目前英语阅读教学并没有将文化教学列入自己的教学目标和内容,因此有关文化讨论也不是真正意义上的文化教学。

要真正实现阅读教学与文化教学的有机结合必须在确定教学目标和教学内容时考虑文化教学的需要,在实际教学中可以通过设计读前和读后任务将学习者的注意力吸引到篇章内容上,进行相关文化的讨论和学习。例如,在阅读一篇关于美国饮食文化的英语文章前,我们可以提出一系列有关学习者本族文化中饮食习惯的问题,让他们进行读前热身,然后建议他们在阅读文章时注意美国饮食文化与自己的饮食习惯的异同,读完文章后,学生在回答有关美国饮食文化的相关问题的同时,进行文化对比。教师对语言点的解释可以插入到讨论中,也可以在这些文化教学活动结束之后,但不能让语言形式的学习压倒篇章内容的理解和文化内容的讨论。

4. 听说教学与文化教学的结合

阅读有利于学习者学习和了解相关文化知识,听说活动则使他们有机会切实感受跨文化交际过程,提高交际能力。无论听说,都必须以内容为基础,因此内容的选择和安排至关重要。我们首先要保证听说的材料和主题必须是真实的,具有代表性的,能够真实反映目标文化或本族文化的不同侧面。其次,在跨文化英语教学中,由于英语教学和文化教学同等重要,所以在编写听说教材时不仅要考虑学习者的语言水平和语言学习的需要,还应注意文化内容的系统性,即将语言教学的需要与文化教学的需要结合起来作为选择和安排教学材料和内容的依据,使学习者系统地学习文化知识,增强文化能力。当前的英语听说教学虽然比较重视材料的真实性,所选材料基本上都具备文化教学的价值,但是在文化内容的选择和组织上比较随意,缺乏系统性,这实际上也是整个英语教学不能最大程度发挥其文化教学功能的主要原因。

此外,跨文化英语听说教学应该充分利用多媒体教学手段,这不仅有利于提高学习者进行语言交际的积极性,更是跨文化交际能力培养的需要。日益发展的多媒体技术为在英语教学中进行文化教学开辟了新的道路,它可以将各种跨文化交际情景真实地呈现给学习者,让他们有一种身临其境的感受。图文并茂、音像俱全的听说材料使学习者的各种感官受到刺激,特别有利于从情感和行为层面上培养他们的跨文化交际能力。

语言与文化在教学中有机结合的方法不仅限于以上,随着跨文化英语教学思想的不断深入人心,相信更多更好的方法将会被开发和应用。然而,在此我们必须强调教师和学生转变教学观念的重要性,要真正做到语言教学和文化教学的有机结合,教师和学生必须认识到英语教学应该承担双重任务:既要促进学习者英语交际能力的提高,又要帮助他们培养人文素质,形成立体、多维的思维方式,成为跨文化的人。只有在这一前提下,我们才能确保跨文化英语教学思想得到有效贯彻和实施。

三、民族文化学中的参与观察法在跨文化英语教学中的应用

民族文化学的研究方法俗称参与观察法,是文化人类学和社会学经常采用的研究方法,近年来在其他社会科学领域也得到了广泛的应用。简而言之,这是一种实地考察的方法,研究者与研究对象同吃同住,对他们进行参与性的观察,从"圈内人"的视角来分析、描述某一群体的社会和文化活动。随着跨文化交际研究和跨文化英语教学思想在美国和欧洲的兴起和发展,这种方法逐渐被应用于跨文化培训和英语教学,拓宽了跨文化英语教学的渠道,成为一种语言与文化学习和个人综合能力培养的有效方法。

(一)民族文化学参与观察法的特点

作为一种文化研究方法,参与观察法主要有这样一些特点:研究者既是参与者,又是观察者;与研究对象之间既亲密无间,又保持一定距离。正是这种特殊的身份使他们能够完成对目标文化各个层面或某些层面的研究;它是一种具体的、从实践到理论,而不是抽象的、从理论到实践的研究方法。研究者置身于目标文化群体之中,与人们进行广泛深入的交流,自然而然了解目标文化,得出关于目标文化的某些结论;它以具体文化为研究对象,属于具体文化研究,而不是文化普遍理论研究。

(二)民族文化学参与观察法对英语教学的作用

参与观察法被引入英语教学的直接动因和先决条件是文化作为英语教学有机组成部分的地位得到普遍认可,英语教学的目的既是提高英语语言能力,也是增强跨文化意识和跨文化交际能力,同时还是培养学习者独立学习和立体思维能力,提高综合素质。在这一前提下,以参与观察为主要形式的民族文化学的研究方法在英语教学中就展现出其得天独厚的优势。

总之,跨文化英语教学与传统的英语教学在教学目标和教学内容上的不同决定了其教学原则和方法的不同。跨文化英语教学既关注英语教学的语言文学目标,又重视英语教学的社会人文目标,它在教学原则和方法上与传统英语教学最大的区别在于以下几点。

(1)语言教学与文化教学有机结合,语言与文化互为目的和手段。英语语言的学习是文化学习的手段,文化学习和跨文化交际是英语学习的目的;文化学习为英语学习提供丰富多彩、真实鲜活的素材和环境,是英语交际能力培养的重要保证。语言教学与文化教学的结合贯穿英语教学的各个阶段,各个环节。

(2)自主学习能力的培养和文化学习方法的探索是跨文化英语教学的重要内容。语言的学习和文化的学习都是一个终身学习的过程,学习者不可能永远依赖老师进行学习。跨文化交际能力的培养尤其需要学校教育与社会实践相结合,因为学习者离开学校进入社会后,有很多继续学习和亲身实践的机会,这些机会很好地弥补了学校实践教育的不足。只有在学校教育期间帮助学习者提高自主学习的能力,掌握文化学习的方法,他们才可能在离开学校后能够利用各种学习和实践机会,进一步提高自己的跨文化交际能力。

(3)跨文化英语教学特别重视调动学习者的各种学习潜能和机制,充分利用各种教学手段多层次、多渠道地进行教学。跨文化交际能力的培养过程就是学习者的认知、情感和行为不断变化的过程,它需要学习者积累知识,转变态度,调整行为,发展技能。这种学习要求只有通过开发和应用多种教学手段才能得到满足,日益发展的多媒体网络技术为此开辟了新的途径。

(4)跨文化英语教学重视学习者本族文化的作用,并将认识、反思和丰富本族文化作为教学目的之一。比较和对比是实现这一教学目的的主要方法,学习者在英语语言学习和文化学习过程中,不断地将本族文化现象与其他文化的相关现象进行比较和对比,形成对本族文化的再认识。

跨文化英语教学虽然采用说教式的知识传授法与体验探索式的教学方法并用的教学方法,但是后者的作用非常明显。民族文化学的参与观察的研究方法就是一种典型的体验探索式的学习方法,是跨文化英语教学的一个重要特色。

第三节 跨文化英语教学中的教师与学生

一、英语教师与文化教学

在英语教学中进行文化教学已经有很长的历史,文化教学对于英语教师来说并不陌生,他们或是因为自己的认识和感悟,或是迫于教学大纲等外部环境的要求和规定,都有意、无意地以不同方式从事着文化教学。然而,即使在文化已在大纲中被明确确定为英语教学的内容和目标之一的国家和地区,文化教学的现状也令人担忧,其他国家和地区的状况就更不用说。这种担忧主要体现在教师对文化教学的态度、理解和实践都无法满足跨文化英语教学的需要。来自不同国家和地区的一系列调查研究报告有力地证明了这一点。

大多数调查都发现了这样一个有趣的现象:很多英语教师对文化教学的理解和认识与他们实际的教学有很大的不同。他们对文化教学表示强烈的支持,而且也认识到文化教学有很多好处,愿意采用各种手段和材料进行文化教学,但是在实际教学中,他们却似乎完全抛弃了这些认识和理解,仍然按照传统的教学观念和教学方式进行语言教学。

二、跨文化英语教学对教师的要求

跨文化英语教学的目标是在提高学习者英语交际能力的同时,培养他们的跨文化意识和跨文化交际能力,进而培养他们多视角、立体的思维能力和综合素质。其基本特点是充分挖掘英语教学的文化教学功能,将英语教学与文化教学有机结合、融为一体。显然,这样扩大了的教学目标和教学内容对教师提出了新的要求和挑战。一般来说,英语教师除了具备良好的英语语言功底之外,还应该掌握3个方面的知识和能力:英语学习理论、英语教学法、课堂教学实践。

英语学习理论是关于英语学习的本质、过程和规律,是指导教师进行教学的理论基础。英语教学法知识帮助教师理解教学目的和内容,了解各种教学方法的优劣,是学习理论和课堂实践之间的桥梁。课堂教学实践则是对教师具体教学活动安排和实际课堂组织能力等方面的要求。

由于跨文化英语教学增加了文化教学层面,强调跨文化意识和跨文化交际能力培养,所以以上对英语教师的要求显然不够。那么,除了这些条件之外,跨文化英语教学要求教师还要具备哪些素质呢?下面从知识、能力和态度3个方面来回答这个问题。

从知识层面上来说,教师应该:掌握普遍文化知识,即文化的基本概念、构成、特点及其对社会和个人的作用;掌握一定的具体文化知识,即了解目标语文化、本族文化和其他文化群体的特点和彼此之间的异同;理解语言与文化和社会之间的相互作用,特别是目标语言在不同社会文化背景中的使用情况;理解跨文化交际能力的概念和意义,了解导致跨文化交际困难和失败的因素。

就能力而言，英语教师应该做到：在课堂和课外其他跨文化交际场合，用目标语言进行恰当有效的交际；合理利用教材和其他真实的语言文化材料，引导学生关注文化内容，刺激他们对文化问题的思考；善于设计和组织课堂活动，将学生自己的文化体验与教学内容结合起来，创造更多的体验式学习机会；采用多种不同的文化教学方法和手段，全面、深入地传授文化知识，培养文化能力；将英语教学与文化教学有机结合，通过教学材料的选用，教学活动的设计有意识地引导学习者既注意语言能力的提高，又关注文化能力的培养；以培养能力为主，引导学习者摸索学习方法，掌握独立学习的能力，促进学习者自主学习。

从态度层面，英语教师应该具备这样的素质：敢于面对挑战，尝试新的教学思路和方法；愿意像学生一样，不断学习和探索外国文化，反思本族文化和自己的文化参考框架及言行；愿意与学生分享自己的学习体验和跨文化交际体验，即便是失败的经历；尊重学生，对不同文化行为和思想不妄加评判，永远保持一种宽容、理解和移情的态度。

三、文化教学培训

培养一名合格的英语教师并非易事，他(她)不仅需要具备良好的语言功底和交际能力，而且还要懂得学习者的认知心理、情感特征和教学规律，同时最好具有丰富的教学经验。这一切不可能在短短的几天、几周或几个月内完成。实际上，一名教师的培养过程从他(她)英语学习的第一天就开始，经过学校教育的不同阶段，一直持续到他(她)走上讲台前的业务培训，甚至还延续到上岗后教学经验的积累和各种在岗培训。就基础教育对教师培养的作用来说，我们稍加反思就会意识到我们目前采用的教学模式和方法或多或少受到了以前我们自己的英语教师的影响。中国英语教学之所以长期以来一直无法摆脱以语法和词汇为中心的传统教学方法，在一定程度上是因为这种方法得以代代相传，从一开始就被教师根深蒂固地植于学习者的脑海里。由此看来，基础教育是培养合格教师的关键，我们必须从现在开始让学生接触新的教学思想和教学方法，同时鼓励他们不断创新，只有这样才能最终改变因循守旧的陋习，为他们日后成为教师接受新观念、探索新方法打好基础。

(一) 培训目的和内容

由于培训可分为岗前培训和在岗培训,教学方法培训和教材使用培训,短期培训和长期培训等多种不同类型和不同内容的培训,所以我们不能指望教师经过某一次培训就能完全掌握教学要领,对教师的培训应该定期、有系统地进行。培训不是针对某一具体的教学环境和教师群体,而是以文化教学为主要考虑因素。

(二) 教师文化教学培训的方法

1. 文化意识和文化教学意识的培训

文化教学培训的一个根本特点就是"使隐含的东西明确化"。这就是说,文化、文化差异以及英语教学的文化教学潜力都已经客观存在,现在最重要的是让教师意识到它们的存在和作用,即要提高教师的文化敏感性和文化教学的意识。在这样的敏感性和意识的基础上,教师的文化知识积累和文化能力以及文化教学能力的提高就会突飞猛进。

2. 文化知识的培训

就文化概念和知识的学习而言,文化人类学提供了最为全面、科学的阐述,理应成为英语教师培训的一门必修课。文化人类学是一门历史悠久、理论基础雄厚的社会科学,它无论是在文化理论研究上,在具体文化的描述上,还是在文化研究的方法上都已形成了较为完善的体系,是英语教师获取相关文化知识的可靠来源。当然,英语教师学习文化人类学不是为了成为人类学家,因此也就没有必要穷尽其所有的内容,他们只需利用文化人类学的部分研究成果,以获取对文化相关概念更清楚的理解,对相关文化群体更全面、深入的了解,同时借鉴其中的一些文化研究和探索的方法。对文化人类学研究成果的筛选和选用应该由来自不同领域的专家,如英语教学研究者、文化学家、跨文化交际研究者、教师培训专家等合作完成,综合各方的意见,选择那些教师需要掌握的理论和信息作为培训的内容。

除了文化人类学可以成为教师文化知识培训的主要科目之外,社会学和跨文化交际学的研究成果同样是教师培训应该关注的内容。语言、文化、社会和交际之间复杂的关系,在这两门学科中得到了更清晰的描述。对于师范院校的准教师来说,如果能在高年级开设专门的文化学、社会学和跨文化交际学课程最为理想。但是,就大量从非师范院校毕业,却选择成为英语教师的准教师而言,花费很多时间专门讲述这些科目的内容,显然不现实,只能依靠教师培训工作者精心挑选和准备培训内容,以系列讲座的形式传授给受训教师。

3. 文化能力的培训

相对而言,文化能力的培训比文化意识和文化知识的培训更为复杂和困难,因为它不仅涉及教师的认知心理,更与他们的情感和行为有关。这里所说的文化能力包括教师的跨文化交际能力和文化学习探索能力。

跨文化交际能力的培训可以从文化冲撞开始,目的是让受训者通过经受心理和情感上的震荡,对跨文化交际中存在的文化冲突有一个强烈的感性认识,培训者趁机向受训教师介绍跨文化交际中的困难,然后自然过渡到对如何克服这些困难的探讨。教师培训者一方面可以通过讲座或让受训者阅读相关文献等方法来帮助他们了解跨文化交际的本质和文化冲撞产生的根源及其特点和过程,使他们从理性上认识积极调整心态、不用自己的文化框架判断他人、努力适应对方交际方式的重要性;另一方面还可以通过看录像、观察和分析成功与失败的跨文化交际案例,来吸取好的经验,防范交际误区。此外,培训者还可以向受训教师布置跨文化交际实践的任务,如到外企见习、到外国人家做客,通过观察、访谈和体验来增强对跨文化交际的认识,提高跨文化交际能力。最后,还可以让所有受训者们一起分享各自的跨文化交际经历和体会。值得注意的是,在整个培训过程中,培训者应该反复强调反思的重要性,受训者正是通过不断学习、不断体会、不断反思才能有效地增强自己的跨文化意识和跨文化交际能力。

文化学习和探索能力培养是本着授之以渔的目的,帮助受训教师掌握一套文化学习的方法,使他们能够对遇到的新的文化现象和文化群体进行探索研究,这种能力也是这些受训教师今后对学生进行文化教学的目标之一。文化学习和探索能力首先建立在敏感、勇敢、宽容和善于移情等情感态度的基础上。缺乏敏感性,对任何文化现象熟视无睹,想当然地认为人皆相同,这些都是文化学习的障碍。其次,面对陌生的文化环境,很多人选择逃避和退缩,而善于学习和探索的人则会勇敢地尝试和体验,积极参加各种有利于自己了解该文化群体的活动。与不同文化背景的人相处,宽容和移情是不可或缺的素质,具备了这两种素质就能避免误解和冲突的发生,文化学习和探索才可能顺利完成。

作为一种文化学习和探索方法,参与观察法可以被用来对任何一个文化群体进行深入的文化调查。理想的条件是离开自己熟悉的文化环境,融入一个陌生的文化环境中,对该文化群体的某些文化侧面进行探索和学习,并通过与该群体的人进行交流,获取跨文化交际的经验,摸索跨文化交际的规律,从而提高跨文化交际能力。对于中国英语教师和学习者而言,这样理想的环境也许不存在,但是,教师培训者同样可以利用国内现有的外国文化群体或不同的亚文化群体的资源,进行参与观察文化研究方法的训练和实践。虽然环境有所不同,但是基本原理和技巧基本相同。

在教师培训中,培训者首先向受训教师介绍参与观察的文化研究方法,通过各种手段帮助教师弄清这种文化探索学习方法的宗旨、特点和注意事项。然后由受训教师自行设计和完成至少一次文化探索任务,并在这一过程中记录自己的学习体会以督促自己反思学习体验,同时也为以后与其他同事分享经验和感受提供资料。一次这样的学习任务是以一篇全面、透彻的调查报告为终结,报告内容包括本次调查研究项目的目的、方法、结果以及经验总结,其中很大篇幅应该是对调查对象某些文化现象的详尽描述。

接受过以上培训的教师应该在个人素质上为文化教学做好了准备。他们还需要接受一定的文化教学培训才能胜任跨文化英语教学工作。文化教学培训同其他教学培训一样主要是从大纲、教材和教学方法几个方面着手。大纲培训是帮助教师理解教学目标、教学内容和教学评估标准等,是教师准备教案,设计教学活动的基础。教材培训是针对某一特定教材,就教材使用的方法进行培训。教学方法培训最为普遍,文化教学的方法很多,每一种方法都有其优点和缺点,每一种方法都有其独特的技巧,这些都是教师培训时的必要内容。

(三) 反思教学和课堂教学研究

近年来,反思教学和课堂教学研究成为英语教学和教师培训研究文献中出现频率较高的术语,它们作为教师培训和教师自我发展的方法已经受到越来越多教学研究者和教师的重视。对于跨文化英语教学来说,课堂教学研究的作用更是不可低估。

课堂教学研究也是促进教师教学水平提高和教学效果改善的一种方法。Wallace 将其定义为"为了改善教学的某一领域而进行的系统的资料收集和分析活动"。教师针对自己教学中遇到的问题,利用自己所掌握的教学理论知识,根据自己的经验,通过自己的努力,寻找解决问题的方法,在此过程中记录自己的体验,反思自己的态度和做法,并与其他同行进行交流。根据研究,课堂教学研究有五大特点:它解决的是研究者及圈内人士切实关心的问题;它要求系统地收集资料,反思实践;它通常是以本校、本地的教学为研究对象,规模较小,重点观察教学方法变化所带来的结果的变化;它常采用的是定性分析法,对教学事件和过程进行描述;它的研究成果包括对问题的解决以及教师个人业务水平和当地教育实践和理论水平的提高。

由于这样的教学研究与教师的教学实践联系紧密,因而具有很大的实用价值。对于接受岗前培训的教师来说,进行课堂教学研究培训有利于他们培养反思教学和课堂教学研究的意识,掌握反思教学和课堂教学研究的方法,从而使他们获取一套不断提高业务水平的、灵活高效的方法,增强他们对今后教学工作的信心。一旦他们正式走上讲台,在学校及教育管理者的支持和帮助下,他们就可以充分利用课堂教学研究和反思教学来提高自己教学的效果,同时也促进其所在区域整体教学水平的提高。所以,课堂教学研究应该成为教师培训的一项重要内容。

四、学习者自主学习能力的培养

当前英语教师培训的另一热门话题是教师如何培养学习者自主学习能力。所谓自主学习,简单地说,就是指学习者控制和管理自己学习的能力,它是一个复杂的概念,包含多个层次,在不同的社会文化和教育环境中呈现不同的形式。

(一)自主学习的背景、含义和意义

1. 自主学习研究的背景

自主学习的思想早在18世纪就已萌芽,法国哲学家Rousseau的"自然教育"理论强调了学习者对自己学习负责的重要性,实际上就等于提出了自主学习的思想。他认为:自主学习的能力是人天生就有的,但是这种天赋却受到后天学校教育的压制。这一思想对很多后来的教育学家产生了影响,成为解放学习者、将他们重新送回到教学主体位置的现代教学思想的动因之一。

2. 自主学习的含义

自主学习就是控制和管理自己学习的能力,也就是对与学习各个方面相关的决定负责,它包括目的的确定、内容和进度的确定、方法和手段的选择、学习过程的监控以及学习的评价等。

从本质上来说,自主学习是一种独立学习、批评反思和自我决策的能力。它要求学习者发展一种与学习过程和内容相关的、特殊的心理,这种独立的能力表现在学习者的学习方式上,或表现在他(她)将所学东西迁移到更加广阔的领域的方式上。

3. 培养自主学习能力的意义

学习者自主学习能力的培养成为英语教学的中心议题是与跨文化交际日益频繁、知识和信息日新月异、经济和教育全球化不断深入的当今世界形势分不开的,面对这样的形势,培养跨文化交际能力、独立学习能力和终身学习的思想成为教育的首要任务之一。英语教学作为跨文化交际能力培养的重要阵地,理所当然应该承担起这一重任。

(二)教师和学生的角色

自主学习不是一种新的学习方法,也不是一种新的教学方法,它是对学习和教学本质的修改。学习不再是简单的听讲、记笔记、做作业、复习、预习、考试等;教学也不再是单纯的传道、授业、解惑。学习者的被动地位得以打破,以学生为中心、以学习为中心、以任务为中心的教学思想取代了以教师为中心、以教学为中心、以教材为中心的教学思想。那么,这种转变是否意味着教师的教学变得轻松,而学生的学习压力不堪重负呢?对这个问题的最好回答就是分析教师和学生在这种教学模式下的作用和他们之间的关系。

1. 教师的角色

自主学习要求学生除了参与确定学习目标、学习内容、学习进度、学习方法、学习评价之外,还要对自己作为一个学习者的感受和经历进行反思和理解,关注学习过程,摸索学习方法。对学生所提出的这些"额外"的要求,实际上也是对教师的要求。只有具有自主学习意识和能力的教师才能培养出能够进行自主学习的学生。教师在教学中如果能表现出以上特点和自信,就会感染学生,将这种独立意识和自信传给学生。有意识、有计划地进行自主学习能力培养是教师的主要任务之一。在这种教学思想指导下,教师扮演的角色应该是合作者、顾问、协调者和对话者。

2. 学生的角色

就学生而言,自主学习使得他们从对教师和教材的依赖中解放出来,成为自己学习的主人。这种从被动到主动地位的变化要求学习者在教师的引导下做到:制订学习计划、监控学习过程、反思并修正自己的学习态度和方法、评价学习结果。自主学习要求学习者具有较强的学习意识,重视学习目标实现的过程和方法,通过这样的意识和对学习过程的关注,学习者增强了对学习、学习者和学习过程的理解,掌握了学习的规律和方法,从而提高了自己独立学习的能力,为自己承担起学习的责任做好准备。

调查显示,目前中国英语教师和学生的观念以及他们的教学能力和学习能力与跨文化英语教学的要求相距甚远,所以有必要进行教师和学生培训。

第四节　跨文化英语教学的评价

测试和评价是两个相关的教学术语,有时甚至被互换使用。实际上,它们的区别是明显的。测试是通过使用一种工具,如试卷,对被测试者的知识和能力进行一次性的衡量,其结果通常以数字或分数形式给出。如我们熟悉的各门课程的期中、期末考试,英语四、六级考试等都是不同类型的测试。评价通常是对评价对象在一段时间内的学习过程和进步情况的评价,近年来教育界开发和应用的作品集评价法、真实评价法和行为表现评价法为我们提供了更全面、更真实了解学生学习过程和成果的途径。与测试不同,它依赖多种评价手段,不仅包括一些测试,而且更注重学习者在学习过程中所付出的努力和取得的进步。

一、从客观定量测试法到定性分析评价法

跨文化英语教学将文化确定为主要教学目标和内容之一,因此在课程开发、教学设计和测试评估中都应该体现这一新的目标和内容。然而,目前中国英语教学界在这方面所做的尝试和努力相当不足,除了一些关于英语国家概况的文化知识测试之外,多数测试和评估都忽略了对学习者文化能力的测评,甚至在美国和欧洲一些文化教学及文化教学研究历史较长的国家和地区,文化测试和评价也是困扰英语教师和研究者的一大难题。虽然这个问题已经引起了重视,但是文化测试、评价研究和实践仍然是文化教学最薄弱的环节。

(一)文化测试的主观性和复杂性问题

文化测试之所以长期以来一直是文化教学的主要障碍之一,是因为文化的主观性和复杂性导致文化测试和评价的设计及实施极为困难。测试的基本标准是信度和效度,客观和公正,一旦涉及文化,测试与评价的客观性几乎不可能存在,因为文化是人的主观认识和体验,它不如对语言形式那样容易制定客观、可操作的评判标准。

从文化测试和评价的内容和标准来看,文化几乎无所不包,无时无刻不在起作用。文化教学的内容既包括文学、艺术等人类文明发展史,也包括社会学和文化学关注的人们的态度、习俗、日常活动、思维方式、价值观念和参考框架等。文化不仅对社会具有规范、调控和凝聚作用,而且对个人的所思、所想和所为具有指导和制约的作用。文化测试和评价如何涵盖这些内容,体现这些功能,是一个复杂、艰难的问题。另外,文化测试和评价的标准也是一个难以确定的问题。任何文化都是一个抽象的概念,它是由无数的亚文化群体构成,这些不同文化群体由于主观认识和体验的差异不可能形成统一的文化认识和表现。所以,在文化测试和评价时采用谁的标准也是一个棘手的问题。

正因为存在主观性和复杂性的问题,一些学者甚至想放弃文化测试和评价,因为他们认为,如果不能解决这些问题,只是从形式上片面、肤浅地对文化学习进行测试反而会挫伤学习者的学习积极性,甚至对他们的文化学习起到误导作用。

然而,文化测试的主观性和复杂性不能成为放弃文化测试和评价的理由,测试和评价毕竟是教学不可缺少的重要环节,一旦放弃对文化教学内容进行测试,那么就等于放弃文化教学本身,这样一来,文化将继续保持其在英语教学中"二等公民"的地位,它仍将作为语言教学的附属品而存在,这显然不符合跨文化英语教学的宗旨。此外,对文化教学内容的测试和评价是检验教学方法、教材和教学效果的重要手段,同时也是刺激学生文化学习积极性的重要手段,毕竟为考试而学习的思想永远不可能完全消失。所以,加强对测试和评价的研究势在必行,它应该成为跨文化英语教学的攻关项目。

(二)从客观定置测试法到定性分析评价法

当英语教学从20世纪50年代以语法、词汇和阅读为中心的教学模式发展到七八十年代以交际能力为目的的教学模式时,测试也逐渐从强调认知理解和规则记忆的纯语言测试发展到包括听、说、读、写各种能力,强调语言使用和交际能力的测试。这种测试内容的改变在很大程度上促进了学习者语言能力的综合发展,但是,与纯语言测试一样,目前所使用的很多测试仍采用客观、量化的传统形式,如选择题、正误判断题、填空题等。这些测试形式将语言和文化知识技能分割成易于准备、量化和分析的、独立的考试项目,具有客观、科学、公平和高效等优点。但是,随着教育研究的不断发展,这些传统的测试形式越来越受到质疑和抨击。

总之,传统的测试形式有其特有的优势,在大型的、需要标准化测试的情况下仍然具有一定的实用价值。但是,它们对评价学习者的学习过程和学习结果却存在很多不足和偏差,在很大程度上对教师的教学和学生的学习起着误导作用,影响了整个教学活动。

二、文化测试和评价的内容

测试和评价是对教学目标和内容的反映,文化测试和评价就应该以文化教学的目标和内容为基础,确定测试和评价的内容。测试之所以是目前文化教学最为薄弱的环节,最难解决的问题主要有两方面的原因:其一,缺乏一套与真实文化能力密切相关,同时又能够被观察、分析和评价的教学目的;其二,测试和评价的思想和方法陈旧,需要更新。

(一)文化测试的相关研究

文化本身的复杂性和文化理解的主观性决定了文化测试和评价是一项极为困难的活动。正因为如此,如何将文化细分成可操作的评价单位和内容,同时又不遗漏重要的文化教学内容至关重要。

将文化能力分解为文化知识、文化理解和文化行为进行测试和评价是一种很实用,又易于准备和操作的方法,对于文化教学刚刚起步、文化教学研究尚未成熟的国家和地区不失为一个好的开始。遗憾的是,它主要测试的仍然是学习者对文化信息的了解(如业余爱好、交通等)和一些简单的、关于日常生活的行为习惯(如打招呼、告别等),忽略了很多重要的文化教学内容,特别是跨文化意识、跨文化交际能力和文化学习能力等,因此具有很大的局限性。

(二)文化测试和评价的内容

确定评价的内容是评价的第一步。虽然,文化学习的内容无论从广度还是从深度来说,都难以界定,但是通过前面各章的论述,它还是有章可循的,在一定程度上也是可以描述的。综合以上来自英语教学和跨文化培训方面各位专家的研究成果,根据笔者自己的理解,文化测试和评价应该包括以下内容。

1. 具体文化层面

知道有关目标文化的历史、地理、政治和社会等宏观层面;理解目标文化在其社会各种场合的功能,在语言使用中的体现,在个人生活中的作用,这是文化的微观层面;理解并能解释目标文化的世界观、价值观和信念及其对人们日常生活和工作的影响;知道并能理解目标文化与本族文化的差异;使用目标语言和以上相关文化知识与来自目标文化的人们进行有效、恰当的交流。

2. 抽象文化层面

对文化差异具有敏感性,能够用不同的文化参考框架去解释文化差异;能够灵活应对不同文化,与来自目标文化和其他文化群体的人用英语进行恰当、有效的交流;掌握文化探索、学习和研究的方法。

以上关于文化学习测试和评价内容的论述表明:丰富的内容要求测试和评价的形式多种多样。文化学习贯穿小学、中学和大学,我们应该根据不同阶段语言和文化教学目标和特点的需要,对以上测试和评价内容进行选择,做到重点突出。此外,由于文化只是跨文化英语教学中的一个部分,文化教学测试和评价必须与语言内容的测试和评价结合起来,形成一个整体。这一点在很大程度上取决于测试和评价的方法和手段。

三、文化学习的测试和评价方法

(一) 文化知识的测试

文化知识是对文化信息、模式、价值观念和文化差异的认知理解能力。文化知识可分为普遍文化知识和具体文化知识,宏观文化知识和微观文化知识。普遍文化知识涉及文化学、社会学等学科的研究成果,外语学习者需要了解文化对于社会、交际、民族和个人的作用,这些抽象的文化知识已经得到文化学家和社会学家全面、成熟的论证和梳理，测试起来并不困难，传统的笔试基本就能满足需要。相比较而言，其他几个方面的文化知识不仅对英语教学更加重要，而且也因为较为复杂而需要得到更多的关注。

宏观文化知识的测试与评价在英语教学中已经有相当长的历史。有关目标文化的历史、地理、宗教、艺术等客观文化事实，长期以来一直作为英语学习的背景知识在各种测试中得到认可，尤其是英语专业的综合水平考试常常包括对宏观文化知识的测试。宏观文化知识也可称为被动文化知识，与主动文化知识形成对照。具体文化的微观层面的知识是英语教学关注的重点，因为它直接影响人们的语言交际和非语言交际行为，是一种主动文化知识。所以，对这些主动文化知识的测试通常采取情景化的题目设置方式，将测试任务置于具体的交际语境中，使学习者在回答问题时将文化知识与实际交际场合的需要联系起来，体现他们所掌握的是鲜活的、主动的文化知识。例如：

Choose the best answer：

When you are invited to have dinner at an American friend's home, what should you do?

A. Bring a small gift and offer to help in the kitchen.

B. Buy an expensive thing you think the host or hostess may need or like, and get ready to talk about your native culture.

C. Bring nothing as a gift, but offer to help in the kitchen.

D. Bring nothing as a gift, but get ready to talk about your native culture.

总之，与情感态度和行为技能层面相比，文化知识的测试并不困难。关键在于对文化教学大纲中确定的文化知识的教学内容进行全面细致的分析，细化成具体的测试项目，然后，根据所测文化知识的特点（主动文化知识还是被动文化知识）来确定测试的形式。

(二)情感态度的评价

情感态度是跨文化交际能力的重要组成部分，学习者只掌握相关文化知识，不在情感和态度层面同步发展,就不可能提高跨文化交际能力。然而,就测试和评价而言,由于涉及学习者的心理和情感,这一层面被认为是文化学习测试和评价的最大困难所在。情感态度并不是测试和评价的禁区,通过上述各种方法,我们可以在一定程度上了解学习者的情感态度,因此弥补了文化教学中情感层面由于难于评价而得不到重视的遗憾。只要我们认识到其必要性和可行性,必定能开发出更多、更好的情感态度测试和评价方法。

(三)文化行为的评价

文化行为指的是在交际过程中交际参与者表现出来的那些受文化影响的行为,这些文化行为往往通过语言和非语言行为表现出来。文化行为的评价可以采取一些传统笔试的形式进行,但更有效、更真实的评价方法应该是真实、直接的行为表现评价法。

文化行为测试的笔试形式包括选择、判断、问答等。例如:

Multiple choice questions:

You are now a visiting student at an American university.

1. If you are having a party for the students in your class, how many days in advance would you invite them?

A. The day of the party.

B. One day in advance.

C. Several days in advance.

D. 3 or 4 weeks in advance.

2. If you do not understand a point that your teacher makes in class, it is best to:

A. Raise a hand and ask for clarification.

B. Look confused.

C. Remain silent and ask the teacher after class.

D. Leave the class.

3. If someone offers you food that you really don't like, you might say:

A. I hate that.

B. Sure, I'd love somemore.

C. I have just a little bit, please.

D. Thanks, but I'm really full.

我们可以设计很多类似的笔试题型,通过情景描述和模拟现实的任务设置方式来测试和评价文化行为,但是无论情景描述和模拟现实如何具体,笔试永远是一种间接的测试手段,其真实性难以得到保证。行为表现评价法因此而得到重视。

行为表现评价法主要是企业人力资源部门用来评价员工工作表现所采用的方法,一直是管理学研究的一个重要课题。20世纪90年代以来,建立在行为主义学习理论基础上的传统测试方法,特别是标准化测试,不能满足英语教学培养英语交际能力的目的,因此以建构主义学习理论为基础的行为表现评价法越来越受到英语教学研究者的青睐,成为当今外语学习评价的一个新趋势。行为表现评价法的目的是评价学习者应用知识去解决问题和分析问题的能力,其根本出发点是:如果想知道一个人能做什么,那么最好的办法就是让他做给你看。一个人或许懂得很多与游泳相关的知识,但是他未必就会游泳,我们不能单凭他所具备的理论知识来断定此人一定会游泳。只有让他下水表现一番,才能判断他的游泳技能。实际上,目前很多企业或项目组在录用和选拔人才时,都采用了行为表现评价法,如聘用教师时要求试讲,新进员工都有试用期,等等。

将行为表现评价法应用到英语教学中的最大好处在于:它比传统的测试和评价手段更直接、更真实,更能反映学习者的语言应用能力。英语学习的最终目的不是掌握英语语言知识,而是提高英语交际能力。选择、填空等传统手段对于测试学习者的语言知识非常有效,但是语言知识的学习不是英语学习的本质,只有通过基于任务或基于项目的行为表现评价法,才能真实地评价学习者的英语交际能力。采取这种评价方法的另一个好处就是它能对我们的课程设计和课堂教学起到正确的、积极的反拨和指导作用。

(四)作品集文化学习评价法

真实性和可靠性是任何测试和评价都必须遵循的原则。真实性是对测试内容和形式是否反映教学目的的衡量,真实性高的测试和评价不仅包括了所有应该评价的内容,而且它所采用的方法和形式能够真正评价要评价的内容是否能反映被测试和评估者所掌握的知识和能力,这些是测试和评价必须达到的基本标准。可靠性是关于测试和评价结果的连续性和一致性,要求一个测试和评价工具在不同时间、不同地点使用时产生的结果一致,通常用数据来表现。真实性和可靠性的原则为文化测试和评价手段的设计和使用提供了重要依据。下面就从真实性和可靠性的角度分析一种综合性的文化测试和评价方法,就是作品集文化学习评价法。

作品集作为一种评价手段在美国等西方国家已经有相当长的历史。美国最早使用作品集评价法是在1972年为美术专业学生大学录取所设计和实施的,到目前根据这一评价方法对学生美术作品集所做的评价已经得到2500多所高等院校的认可。现在,作品集评价法已经广泛应用于美术教学以外的其他很多领域,特别是写作、阅读、教师培训等。中国的教育测试和评价机构也开始意识到这种评价方法的优势,并开始了这方面的研究和尝试。虽然,就目前来说,考试成绩仍然起着主要的、决定性的作用,作品集只是参考,但这是一种方向,相信在不久的将来,随着教育改革的进一步深入,教育观念的进一步更新,这种综合评价的方法一定会在中国兴起。

作品集评价法是一种典型的形成性的评价方法。教师和学生以学生在一段时间内(通常是以学期、学年或阶段为单位)按照教师的要求或根据自己的需要,完成的一系列系统、有序的作业、研究报告、学习日记、测试等"文件"为基础,对学习者付出的努力、进步的情况、学习的态度、学习的方法和成就的多少进行评价。无论从评价的依据还是评价的目的来说,这都是一个较为全面、可靠和真实的评价手段。

作品集评价法是一个用途广泛的、人性化的评价方法,符合当今以学习者为中心、以建构主义学习理论为基础的教育理念。就文化学习评价而言,作品集评价法更是起着重要的作用,一方面因为测试和评价一直是阻碍文化教学的主要因素之一,将作品集评价法应用到文化教学中能够在一定程度上弥补这一缺憾;另一方面,作品集评价法特别适合对文化态度、文化知识和文化行为的综合评价,而且适用于文化教学的各个不同阶段。

综上,从测试与评价的本质出发,分析了目前英语教学测试和评价的现状和问题,在比较传统的客观定量测试法与定性分析评价法的基础上,论述了定性分析评价法对于英语教学,特别是文化教学测试和评价的重要意义,可得出结论:

(1)文化测试的主观性和复杂性决定它更应该采用定性分析评价法,如真实评价和表现评价等形式。

(2)定性分析评价法注重对能力和学习过程的评价,可以对认知、心理和行为多个层面进行综合评价,而且有利于学习者参与评价过程,进行自主学习。

(3)文化测试和评价的内容包括具体文化和抽象文化两个方面以及文化知识、文化意识、文化态度和文化行为等多个层面,所以采用的评价方法和手段也应该多种多样。

(4)文化知识的测试基本上可以采用填空、选择、正误判断等传统的客观题形式,重要的是将学习者应该掌握的文化知识全面、系统地通过各种测试手段予以体现。

(5)对文化行为的评价既可以采取笔试形式,通过设置模拟现实的任务让学习者书面应答,也可以通过直接观察学习者真实的行为表现来进行评价。两种方法各有所长,应该有机结合。

(6)作品集文化学习评价法是一种对学习者文化学习过程中知识、情感和技能发展情况综合的、人性化的评价方法,符合以学习者为中心、以建构主义学习理论为基础的现代教育理念,特别适合文化学习评价。

第四章 跨文化交际英语教学的问题

第一节 高校英语教学中跨文化教育存在的问题

近年来,跨文化教育已成为我国英语界研究的热门课题,我国英语界基本达成了一种共识。然而,当前的英语教学明显地落后于经济的发展和社会的需求,尤其在跨文化教育方面显得更为薄弱。目前大学英语的跨文化教育主要存在以下问题。

一、大学英语教师跨文化教育的意识和跨文化能力不够强

(一)教师缺乏跨文化教育意识和视野

英语教育是一种理念,使学生理解目标语文化,消除文化壁垒,培养正确的跨文化意识。然而,传统的英语教学不注意语言的交际价值,即在培养学生语言能力的同时,没有重视语言的交际能力,没使学生认识到母语与目标语之间的文化差异。英语教学的目的不仅是传授语言知识,更是要培养学生能够运用所学语言知识在不同场合对不同对象进行有效交际的能力。

英语教师本是学生外语学习的主要引导者,起着沟通学生个体文化和目标语文化的桥梁作用。然而实际情况是,很多英语教师跨文化教育意识淡薄,认为英语教学就是讲授语言知识,重语言形式轻社会文化因素,重视学生语言形式的正确与否或使用得是否流畅,而较少注意结合语言使用的场合来培养学生综合运用语言的能力。作为语言的讲授者和文化传播者的大学英语教师,如果本身对本国传统文化缺乏充分的认识、理解,缺乏全面的中外文化观,那就无法正确掌握目标语与

母语文化的平衡,无法在文化教学中培养学生平等的跨文化交际意识,也就难以做到对语言文化背景的理解和发掘语言形式的文化内涵,更不可能帮助学生理解不同文化之间的差异。只有通过对中西文化的教育、比较、取舍、参照、传播的融通等,使学生掌握文化的共性与差异性,树立对文化的正确理解,才能最终实现跨文化教育的目标。须知,英语教师的重要职责之一就是帮助学生了解目标语文化背景,除了培养学生的语言基本技能之外,还要充当跨文化交流的角色,起到一个文化"桥梁"的作用。因此,英语教师的教育理念要更新,要积累深厚的跨文化知识和培养较强的跨文化意识,提高跨文化理解的技巧,使跨文化教育的理念得到内化与深化。跨文化教育的实施有赖于英语教师具备跨文化意识,拓展跨文化视野,深入了解跨文化教育的内涵,将跨文化教育融于英语教学中。我们的教育目的不光是培养出会用英语表达外国事物、外国文化的学生,同样,他们也应会用英语来表达我国的事物、文化,向外国介绍中国的优秀文化,以达到在对外交流中的平衡发展。因此,在文化全球化的背景下,英语教学不但要树立"知彼"的文化观(目标语文化),更要培养"知己"的文化意识(母语文化)。

(二)重视"目标语文化"传授,忽略对"母语文化"的渗透

近年来随着英语教学改革的推进,英语教学中的文化问题日益被重视,从事英语的教师也开始关注文化在英语教学中的作用,跨文化教育意识在教学中也有所提高。但随之也出现了新的问题,就是在英语教学中重视"目标语文化"的讲解,却忽略了对自身"母语文化"的渗透;在教学中只强调对异文化的理解与认同,却忽视对中国文化的传授。这就表现出教师普遍对母语文化在跨文化交际中的作用认识不够,不具备较强的批判意识,对两种文化间的异同缺乏深刻的理解,其说明多数教师还不具有两种语言应用上的深厚功底。教师文化素养欠缺,培养的学生一方面表现出无法判断什么是世界文化精髓,该如何吸收、借鉴;另一方面表现出缺乏对传统文化的理解而无法弘扬中国优秀传统文化。所以忽视哪一方,都不利于培养跨文化交际能力。

正是由于人们在大学英语教学过程中一味地强调目标语国家文化的教学,而

对母语文化的涉及颇浅,而使得母语文化处于基本被忽视的状态。

当英美文化伴随英语教育在我国蓬勃发展之时,我们的传统母语文化却在不断退缩并渐渐让位于英美文化教育。一个普遍的现象是,许多有一定英文水平的中国青年学者,在与西方人交往过程中,始终显示不出来自古文化大国的学者所应具有的深厚文化素养和独立的文化人格。

有些博士生有较高的基础英语水平,也有较高的中国文化修养,但是一旦进入英语交际语境,其在日常用语交流中所表现出的中国文化底蕴就显得很苍白。南京大学丛教授将这种现象称之为"中国文化失语症","中国文化失语症"是我国英语教学的缺陷,因为跨文化交流绝不能仅局限于对交际对象的"理解"方面,还应表现为与交际对象的"文化共享"和对交际对象的"文化影响"方面,在某些情况下,后两者对于成功交际则更为重要。如果说,由于以往英语教学西方文化含量的缺乏,导致了我们在国际交往中的多层面交流障碍。所以,大学英语教学跨文化交际能力的培养必须中西文化并重,既包括对英美及西方文化的学习,又包括使用英语表达中国文化的能力,以增强学习者对文化差异的敏感性、宽容性以及处理上的灵活性。

(三)英语教师的跨文化知识掌握欠缺

目前许多大学英语教师的文化意识和文化教育意识不强,缺乏有关跨文化和交际方面的知识,不具备跨文化的理解力。在教学中他们只注重语言表达能力的培养而忽视跨文化应用能力的培养。他们对目标语文化缺乏较强的洞察力、理解力、判断力,缺乏对目标语优劣的扬弃贯通的能力,有的对母语优秀传统文化也没有充分认识、理解;对母语文化和目标语文化缺乏比较意识,甚至没有,同时其全球一体化国际意识比较淡薄,不具备较强的批判性思维,不能分辨不同文化的差异性。就跨文化教育对江西省的三所高校教师进行了问卷调查的结果显示:一半以上的教师对于目标语文化和母语文化没有深入理解,都只是一般的了解状态。个别教师从不阅读最新的英文报纸、杂志,只有不到半数的教师有时会阅读最新的英文报纸、杂志,了解最新的国际新闻和全球的发展动态;只有极小部分的英语教师经常阅读一些最新的英文报纸、杂志。教师要加强自身素质提高,要在实施英语教学中实施跨文化教育,只有不断提高母语文化和目标语文化的修养,扩大跨文化知识视野,了解两种文化的差异性,加深理解,才能培养学生的跨文化意识,提高跨文化理解能力。

二、学生跨文化意识和交际能力薄弱

长期以来,我国的英语教学缺乏目标语文化的环境,国民教育的主要活动是向受教育者一味地灌输知识,不注重对学生能力的培养。

同时受整个教育体制和考试体制运作方式的制约,学生的英语学习风格也多是以背诵为主,学习英语的直接目的就是通过四、六级英语等级考试,获取大学文凭。所以,考试目的往往起着主导性作用。从教学条件上看,教育经费的投入与受教育的人数增加和教育发展的需要还不相称,目前的大学英语教学明显不能适应经济的发展和社会的需求。另外,教师数量不足,教学水平有待提高,学习英语的学生人数增长幅度较大,且综合素质参差不齐,教师难以做到因材施教,学生学习也只注重书本知识的学习,忽视已有知识的运用。至于课外英语学习环境,无论是学校、家庭还是社会,都难以提供学习、交流与实践的真实环境。虽然有些学生英语表达能力较强,但跨文化理解能力普遍较弱,当语言能力提高到相当的水平之后,文化障碍更显突出,如对交际策略、交际原则、礼貌规则等方面的知识知之甚少。在实际交际中,语言失误很容易得到对方的谅解,而语用失误、文化的误解往往会导致摩擦发生,甚至造成交际失败。一个外语说得很流利的人,往往背后隐藏着一种文化假象,使人误认为他同时也具有这种语言的文化背景和价值观念,他的语用失误,有时令人怀疑是一种故意的语言行为,因此,导致冲突发生的潜在危险更大。当代学生普遍存在母语文化素养较缺乏,对中国传统文化知道较少等现象。特别是20世纪90年代以来,由于互联网的迅猛发展,更加快了英语的全球化。据统计,互联网上85%的网页是英语网页,英语电子邮件占80%,来自中国的信息只有0.04%。这种信息交流的极端不对等性无疑助长了一方的文化霸权意识,加重了另一方的受"文化侵略"的危机感。我们正处在一个建设先进民族文化的新时

代,正处于热切呼唤人文精神的新时代,母语文化素养的培养,也就是为学生构筑精神的底子,

直接影响价值观、世界观等的确立。西方先进国家的高科技与时尚文化都在有意识无意识地影响着学生的心理。加强母语文化学习,是弘扬民族精神、延续民族生命的重要渠道。另外,进行文化对比需要以母语文化为参照,较高的母语文化素养可以促进跨文化交际能力和学生综合素质的提高。所以,迫切需要通过跨文化教育来使大学生养成平等、开放、宽容与尊重的跨文化心态,引导他们形成比较合理的跨文化意识和理念,从而增强跨文化交际能力。

三、跨文化教育的内容较欠缺

(一)跨文化教育的教学大纲存在不足

一直以来我国的《大学英语教学大纲》未将文化教育列入教学要求中,虽然1999年新出台的大纲从培养21世纪创新人才的目的出发,增加了"提高文化素养"这一新的教学要求。但是相对目前《大学英语教学大纲》中语言三要素(词汇、语法、语意)教学的体系而言,大学英语的跨文化教育还是没有形成完整体系,跨文化教育至今仍无纲可循。2004年1月教育部颁发了最新的《大学英语课程教学要求(试行)》,作为各校组织非英语专业本科生英语教学的主要依据。《大学英语课程教学要求》确定大学英语教学性质是以英语语言知识与应用技能、学习策略和跨文化交际为主要内容,以英语教学理论为指导,并集多种教学模式和教学手段为一体的教学体系。该《大学英语课程教学要求》确定的大学英语教学的性质和目标以及三个不同层次的教学要求非常全面,符合当今世界经济发展和国际交流的需要,也适合中国的国情。然而,在对三个不同层次的教学要求进行具体阐述时,《大学英语课程教学要求》只列出了听力理解能力、口语表达能力、阅读理解能力、书面表达能力、翻译能力和推荐词汇量6个项目。可见,文化教学和跨文化交际能力培养仍然被置于外语教学的边缘,并没有得到切实的、真正的认可和重视。

(二)跨文化教育的内容在英语教材中较为薄弱

到目前为止,以文化导入为目的的系列教材尚未正式出版过,相关的参考资料就更少了,即便有相关的音像资料也缺乏系统性,像词典、教学参考资料上能够查到的文化解释也极为有限。笔者近年在教学中曾使用过复旦大学出版的《新潮高职高专英语教程》,北京大学出版社的《新世纪英语教程》,高等教育出版社出版的《实用英语》等教材,通过对以上教材内容的分析,可以看出我国英语教材当前在跨文化教育方面存在以下不足。

1. 知识广泛,但对跨文化教育突出不够,文化内容偏狭、过时

这些课文内容主要只是对跨文化教育的知识进行浅显的介绍,没有从跨文化教育的角度进行选择设计,跨文化教育的内容在教材中不能得到详尽的描述,通常只是轻描淡写地一带而过。此外,不少课文的文化内容偏狭、过时。这种以正面教育为主的想法固然有一定的道理,但是,从学习者综合素质和能力培养的角度来看,不让他们了解真实的社会,不引导他们对一些社会问题进行讨论和思考,实际上是浪费了一个绝好的学习机会。跨文化意识和能力在很大程度上是在对一些具有争议的、涉及价值观和世界观的问题进行讨论和思考的过程中提高的。

2. 中国本土文化内容缺失

课文内容大部分是以英美国家的文化为背景,以灌输英美文化为主要目的,很少涉及中国本土文化的内容。事实上这与大纲中跨文化交际的要求不相符合。跨文化交际应该是双向和平等的,而非单向的交流。

3. 重知识,轻态度与能力

这些课文比较广泛地介绍了跨文化教育的知识,但没有说明如何通过学习这些课文形成积极的跨文化态度和跨文化能力。所以它们只能帮助学生获得跨文化知识,而不能引导学生形成积极的跨文化态度和有效的跨文化能力。

第二节 高校英语教学中的文化问题

一、深层文化教学问题

对于大学英语教学提高学生跨文化交际能力,很多专家学者都提出了建议。例如,在传授语言知识和进行语言能力训练的同时培养交际能力,尽可能具体化、形象化地传授文化背景知识,重视比较中外文化的差异,组织生动活泼的活动(如表演、讲座等),以提高学生的兴趣和积极性。这些讲解和活动无疑是必要和有用的,但是这些文化教学并没有触及目标语文化的核心。

(一)深层文化的内涵

英国文化人类学家创始人 Edward Tylor 于 1871 年提出第一个文化的定义后,各门学科从不同侧面分别对文化进行定义。文化是知识、经验、信仰、价值观、行为、态度、意义、层级观、宗教、时间概念、角色、空间关系、宇宙观累积的沉淀物,是一群人通过数代人的个体和群体的努力获取的物质对象和财富。

文化可分为表层文化和深层文化。表层文化指已暴露的文化,包括服装、道路、建筑物、饮食、家具、交通工具、通讯手段、街道、村庄等。深层文化的范围远远超过表层文化,诸如思想、信念和评价之类的属于深层文化。

深层文化主要是指软文化,即精神文化,而观念的核心是价值观念,深层文化包含的主要成分是观念,包括人权观、劳动观、婚姻观、发展观、宗教观、法制观、道德观、个体与群体观,价值体系是各种观念的核心,是文化的深层内核,是民族文化的精神实质,决定着文化的特征和风范。

文化总是在不断发展的,只有深层文化不太容易改变。文化"深层结构"是指一个文化不曾变动的层次,它是相对"表层结构"而言的,在一个文化的表面层次上,自然是有变动的,而且变动往往是常态。一个语言群体中的人按照他们的深层文化价值观来行动。

价值观是文化的核心,文化的其他部分像是洋葱的皮一样层层包裹着核心:外层的皮是文化的可见部分,而内层就是文化的不可见部分,层与层之间都有联结,内层可以影响外层(不可见的部分影响着可见的部分);最外层是符号,即词汇、手势、图画等;其次是英雄,即活着或死去的人物,真实的或想象的,只要他具有在一个文化中被高度赞扬并成为行为楷模的特质;其次是仪式,指为达到理想的目标在技术上并不必要的集体行为,但在一个文化中它是必需的,因为它使得个体限制在集体的准则内;最核心的是价值观。学习文化,不仅要学习表层的文化(文学、艺术、食物、衣饰等),还要学习文化的核心(人们的价值观、信仰),这样才有助于我们更好地理解文化和与对方交际。文化"冰山"论,将文化比喻成冰山(文化有可见和不可见的因素),文化中只有一小部分是可见的,文化的更大部分隐藏在冰山下,例如观念、态度、喜好、爱、恨、习俗、习惯等,这些是触及不到的物质存在。

(二)目标语深层文化教学的问题

语言是人与人相互接触时所使用的交际工具,是人与人之间传达信息或表达思想的媒介,语言不仅是符号系统和交际工具,也是使用这种语言的民族历史文化的载体。语言就像一面镜子,反映了民族历史、文化、心理素质的深层结构,隐形地规范着一个民族看待世界的价值标准和思维方式。相对于文化的深层结构而言,语法规则就只是语言的表层结构。文化的深层结构包含世界观(宗教作为一种世界观)、家庭观和历史观。世界观是一种文化对于神、人性、自然、宇宙、生、死、病以及其他与存在相关的哲学问题的取向,而宗教是文化中形成世界观的最重要因素。

在英语教学中加强文化教学,更重要的是要关注到文化的深层结构、深层文化的差异,要注意大学英语教学中对目标语深层文化的忽视。中国学生在跨文化交际时犯文化方面的错误,表层文化的错误是容易改正的,但是那些和价值观、信仰等有关的"深层结构"错误,需要更多的努力和时间才能改正。由深层文化引起的错误比语言错误后果更为严重,很可能使中国人和外国人在交际中导致情感上的不愉快。例如,社会学系的一名学生因故没去上外教的一次课,后来在校园里偶然碰到了外教,外教向学生述说由于她生病了,所以那节课没上成,这名学生听后高兴地说"这下太好了！我没缺课，我还担心自己错过了你的课呢！"结果他发现外教不太高兴。学生觉得不落下课程是重要的，他这样说实际上是想向外教表达他喜欢外教的课程，是对外教的一种褒奖，同时也表明自己是一名很用功的学生。但是外教觉得人是最重要的，她生病了，学生不但不表示关心反而如此高兴，真不可思议。学生表述时没有犯语法错误，却表现出两种文化由于深层原因对待事物价值观的差异。在培养非英语专业大学生跨文化交际能力的文化教学过程中，我们忽视了一个极重要的方面，即深层文化的输入，如宗教这一对世界各国、各民族都产生重要影响的现象。

自远古以来，宗教为世人提供了建议、价值观和引导，宗教努力去解释那些无法理解和解决的人生概念，宗教解决的是生和死的本质、宇宙的创造、社会和群体的源起、个体与群体的相互关系，以及人与自然的联系，我们知道在过去一万年间，地球上还没有哪个群体的人是没有宗教的。不论是发达国家还是发展中国家，它们的人民多数是信仰宗教的。从整个人类的历史来看，宗教自原始社会产生以来，至今还对哲学、历史、文学艺术、科学产生着影响。因此，不研究和不了解宗教和宗教的历史，就很难全面地了解世界和中国的哲学史、思想史、政治史、科学史和文学艺术史。

随着中国的改革开放，加入全球市场交易和竞争，西方文明对我们社会生活的冲击就很难避免了。《圣经》是现代资本主义的一些核心理念、道德信仰、法律原则和文化价值的渊源，在对学生进行目标语文化输入时，我们遗漏了这重要的一环。在表层文化的输入中，学生很容易知道作为书名的《圣经》、知道《创世纪》、知道达·芬奇的《最后的晚餐》等，但在深层次的交往和沟通中，就表现出了对目标语文化的欠缺。学生与外教的沟通中明显地可以看到这一倾向，学生在寒暄、打招呼之后就陷入沉默，因为表层的东西是较容易引起重视并学会的。

实际上20世纪伟大的科学家爱因斯坦的物理学知识极为丰富，对宇宙的了解也极为深刻，但他却是一个虔诚的教徒。也许有人会发现爱因斯坦在科学知识和宗教信仰上的矛盾，似乎他应该用科学来理解世界才对，但爱因斯坦的信仰出自谦卑，因为他知道自己还有不足。法国作家纪德认为影响他一生最大的就是《圣经》,这部分绝对不逊色于古希腊神话的影响。

二、目标语历史文化内容的缺失

借用黄仁宇先生大历史的概念,大学英语的课堂教学中对学生进行跨文化交际能力的培养,有意识地输入目标语文化,要有大文化的视野,但在实际的教学实践中,处理文化元素的方式却是任意和缺乏计划的,学生也只根据他们自己的兴趣来选择。Hall指出文化的各个方面都是相互联系的,但你触及文化的某个方面,其他方面都会受到影响。

从微观方面,以美国总统大选为例,它涉及美国的两党政治、独立候选人、选举团制度、媒体的作用、黑人和少数民族以及妇女的投票权、第三党、国内国际政策等各个方面。如果在文化的输入中只关注某一点就会割裂整条文化链,反映在学生身上就是一知半解、似是而非。从宏观方面,在大文化观的空间框架下,以目标语文化发展和演变的时间,假设一个坐标。

(一)横坐标(X轴)

从坐标的横向看,在对非英语专业大学生进行目标语文化输入时,应考虑到如英国、美国、加拿大、澳大利亚等以英语为母语的国家,其文化背景是有不同的,进行目标语文化输入时应考虑这些国家文化的共性和差异。从目前全国重点高校主流的、使用最广的两套大学英语教材来看,其中的课文绝大部分是选自美国的作品或是美国人的作品。《新视野大学英语读写教程》共120篇课文中,除去48篇课文没有确定其内容具体与何国家相关外,其余的72篇文章中,与美国有关的文章55篇;《全新版大学英语综合教程》共64篇课文中,除去13篇课文没有确定其内容具体与何国家相关外,其余51篇文章中,与美国有关的文章45篇。教材中很明显对其他英语国家的文化是忽略的,过于突出了美国文化,容易造成学生对英语国家文化上的误解。

(二)纵坐标(Y轴)

从坐标的纵向看,学生的学习对象是英语,目标语文化简称为英美文化。因此在目前对学生进行跨文化交际的目标语文化输入时,仅限于对英语国家的文化介绍。对学生的目标语文化输入应从时间、空间的大框架下进行教学和研究,树立大文化的概念,培养学生对文化的共性和差异的整体认识。大学英语教材中缺失了对目标语文化中深层文化、文化的历史与关联的介绍,使得学生容易将从好莱坞电影和其他传媒获得的信息当成目标语文化的主流价值观,或者简单地把好莱坞电影中讲述的西方人物形象和日常生活当成西方人的生活常态,但实际上这与西方的主流价值观是有着很大差距的。正是由于对文化深层结构的忽略,造成学生很难区分西方的主流文化和非主流文化,很难对文化现象进行选择和辨识。

大学生学习英语的目的是用来和英语国家的人交际,吸取他国的先进科学、文化精华,更好地进行跨文化交际,关于学生的英语问题,不能仅表象地认为中国学生羞涩、顾及面子,或者词汇不够、语法不清,还应该考虑到在英语教学时,在文化背景知识的输入中,我们缺失了对精神文化、软文化的输入。其实要了解当今世界必须了解宗教,对宗教问题在当今世界政治社会生活中的影响绝不可低估。无论是做好国内各项工作,还是开展对外工作,都要求我们密切关注宗教问题。不同宗教信仰的人,有宗教信仰的人和无宗教信仰的人彼此不应当另眼相待,而应当彼此尊重,和谐相处。

这就要求在教学中要弥补教材的不足,引导学生建立起对目标语文化的深层次理解,尊重对方的宗教信仰,并从对方的宗教文化中吸取精华以丰富自我。如果缺失了对目标语文化深层次的理解,就很难与目标语国家的人民进行良好沟通。

三、西方视角批判教学的缺失

学者的文化价值观会影响其研究的对象、研究方法、研究的发现以及如何阐释发现。跨文化交际和语言教学的学术研究理论概念如个人主义、集体主义、定势、民族中心主义等,几乎都源于美国和欧洲学者的阐释,尤其跨文化交际领域在美国兴起主要是通过美国学者的研究发展起来的,研究中采用的是欧美人的视角。

英语作为国际通用语进行跨文化交际的情况很多,美国学者以英语为母语,因而缺少对语言使用的一些问题的意识。美国作为一个典型的移民社会,其研究放在了外来者融入新文化环境中的单向,而非双向的调适过程上。西方人在跨文化交际中面对的除西方人之外,主要是亚洲、非洲、拉丁美洲等发展中国家的人。因为西方的强势文化,西方人在跨文化交际中无需强调自己的母语文化,西方人潜意识里认同自己的文化在全球的优势地位,西方的文化霸权使得西方文化能够渗透甚至塑造弱势文化,而弱势文化的国家面对西方文化时会有不同的表现,如日本文化大规模西化,印度人在西方文化的压力之下渐渐抛弃了传统的外壳,以土耳其为代表的伊斯兰国家面临西方文化挑战时的不适应。最终,印度、日本等国都接受了西方的现代技术、科学、观念、思想。长期以来没有受到挑战的西方强势文化,使跨文化交际研究范式和取向明显地以西方为中心,建立在西方交际理论的基础上。以西方的价值观与交际理念为核心,缺少非西方视角进行的探索,不是跨文化的,虽然其知识结构对跨文化交际研究有巨大贡献,但也导致视野狭隘。以欧美经验为参照的理论具有地方性,并不具普遍性。因此要克服这些局限性,就要不断质疑并超越特定文化、强势文化的局限,不能只用西方的视角看待交际和世界。

大学英语教材里所教授的内容大多是与美国文化相关的,会对我们理解跨文化交际产生偏见,而这种偏见源于此领域的主要奠基者——美国,将跨文化交际理论用于我国大学英语教育的研究和实践中时,需要考虑中国的具体不同情况和文化背景。在西方(特别是美国)学术传统主导的状况下,其他地区的学者不是缺位,就是失语,即使有话语也是在西方学术语境中、以西方主流话语方式才能得到机会。跨文化交际中来自相对弱势文化国家的群体,必须强调自己的母语文化,正如新加坡所提倡的"尽管我们讲英语、穿西装,但新加坡人不是美国人,如果在更长的时间里新加坡人变得与美国人、英国人和澳大利亚人难以区别,可能成了他们的仿制品,那我们就丧失了与西方社会的区别,正是这些区别使我们能够在国际上保持自我。"跨文化交际的过程并不是被同化的过程,而是体验不同文化,丰富自我的过程。中国学生更需要保持自己的母语文化在西方强势文化面前的话语表达权,大学英语教学中母语文化的学习是中国学生跨文化交际的立身之本。

四、母语文化教学的缺失

(一)大纲对母语文化的忽视

2007年的《大学英语课程教学要求》明确了大学英语的教学内容除语言知识、语言技能之外,还应包括人文情感、人文素养和人文理想的培育,体现了将英语单单作为工具的学习转变为将英语作为素质教育组成部分的思想。但是大学英语教学目标中对文化的定义默认为是目标语文化,没有提到母语文化。文化学习只关注以英语为母语的国家的文化是不够的,必须延伸到学习者的母语文化。因为语言产生自人类本质的深层,同时,语言与人的民族起源也建立起了真正的、实质性的联系。每当我们听到母语的声音时,好像感觉到了我们自身的存在。强调目标语文化并不意味着成为它的奴隶,而是去尊重它。放弃母语文化并不是一个理想的选择,而是无知的表现。社会真正需要的是双语和双文化,甚至是多语和多文化的人,这些人应该比只说一种语言的外国人能更好地理解目标语文化,比只说一种语言的中国人能更好地理解母语文化(中华文化)。大学英语教学中应该考虑中华文化教学的重要性。

实际上要培养学生对目标语文化的洞察力,必须帮助学生了解母语文化的传统、演变以及表现形式。母语文化在英语教学中可以作为与目标语文化进行对比的工具,既能深刻揭示目标语文化的主要特征,同时也可以加深学生对母语文化本质特征的理解。

(二)教学过程中对母语文化的忽视

迁移说源于心理学,指早期的行为模式对学习新行为模式的强化或阻碍的影响。心理学中迁移是一种学习行为,通过迁移,学习者以前获得的有关学习技能的知识将影响他们以后学习或训练行为的结果。从效果方面,迁移分为:积极迁移(正迁移),一种学习对另一种学习的积极影响或促进;消极迁移(负迁移),一种学习对另一种学习的消极影响和干扰。如果学习者以前的学习经历能产生积极的效果,就会促进学习者的学习,反之,如果学习者以前的学习经历阻碍了他们学习新的知识,就出现了负面的效果。在语言学中,迁移指一个人的母语对英语的语言特征的影响。当学习者使用目标语时,因为不太了解目标语的规则,因此会受到母语和母语文化的影响,从而套用母语的规则,使用母语的语音、词义、结构或文化习惯。迁移之所以分为正迁移和负迁移,是目标语和其他任何以前习得的语言之间的相同和差异产生的影响。正迁移是使学习简单的迁移,当母语和目标语有相同形式就产生正迁移。在这种情况下,学习者的母语会促进目标语的学习。负迁移是使用母语的模式和规则导致目标语中产生错误和不适当的形式。学习者的母语文化和目标语文化之间同样存在差异和重合现象,差异会导致干扰,对目标语文化学习产生负面影响,重合现象同样会导致迁移,对目标语文化学习有辅助作用。

我国的大学英语教学注意力长期主要集中在语言形式的教学,一直以来都是以语法翻译法、听说法的教学方法为主。大学生学习英语时,自身已经有了一套母语规则,形成了母语思维习惯。已有的母语知识会对目标语学习产生影响,当母语和目标语规则相同时,会促进目标语的学习,产生正迁移;当母语和目标语规则的表现形式不同时,就会产生负迁移,负迁移常常会产生错误。母语的负迁移会在语音、语义、句型、语法等各个方面形成干扰,使学习者在学习目标语时很难摆脱母语的影响。

大学英语教学中目标语文化的学习和学生的母语文化不应是冲突的,而应是相辅相成的。不同语言同时使用的范围越广,各种语言共同存在的趋向越明了,语言本身所能获取的收益就越大,对思维和语言技能的影响也越积极有效,甚至在语言长时间混合的情况下,善于梳理的精神能造就一种与自身相配的形式,了解一门外语能打开目标语文化的窗户,讲英语或汉语也能给学习者用"英语的或汉语的眼睛"看世界的机会,但不会让他放弃自己的判断力、理解力以及自己的个人身份,反而能让他重新面对并评估母语文化和目标语文化。学习目标语文化能提升对母语文化的理解,从异文化的立场观察母语文化,能察觉出我们作为母语文化的群内人所不能发现的东西。同时,对母语文化有良好的理解才能客观地发现母语文化和目标语文化的共同点和不同点,学习目标语和目标语文化并不意味着同化,而是用一个新的视角去看待母语文化和目标语文化,学会包容和理解不同文化,可以培养学生在学习和研究中具备宽广的视野和大度的心态。

第三节　高校英语教学中的文化障碍

一、大学英语教学中民族中心主义对文化交往的障碍

(一)傲慢与偏见——民族中心主义对跨文化交际的影响

民族中心主义是对自己群体优越感的信仰。民族中心主义看待事物时以自己的民族为中心,然后用自己的文化价值观去评价其他文化,并以此为参考去衡量和评价其他族群。民族中心主义视自己的文化价值观和准则高于其他文化,而且感到自己生存的文化方式是最合理和最合适的实践人生的方式,期望其他文化的所有人都跟随自己文明的思维和行为方式。

民族中心主义是一种习得的文化优越性的信念。因为文化教会了人们这个世界"真正"是怎样的、什么是"好的",于是人们相信他们文化的价值观是自然的和正确的。这种信念认为自己文化的信仰、价值观、规范、行为都高于其他的文化。所有的文化都教会他们的成员回应世界的"首选的"方法,常常贴上"自然的"或"适当的"标签,于是一般来说人们感知由他们自己的文化力量所塑造的经历是自然的、人性的和普世的。文化也训练他们的成员在判断来自其他文化的人的经历时使用他们自己的文化经历分类。

所有的文化都有很强的民族中心主义的倾向,即用自己的文化范畴去评估其他文化的人的行为。东方和西方都有将文化按照从最差到最好,从未开化到最文明的层级排列的传统。在西方,受社会达尔文主义的影响,这种观念在19世纪很流行,认为文化是由低水平向高水平发展。在欧洲和美国,这种思想将西方社会放在顶端,主要是因为它的技术和科学成就,而那些经济和技术发展水平落后的国家则被放在发达国家之后。民族中心主义对跨文化交际的负面影响在于:对自己文

化的民族中心信念会形成一种狭隘和自我保护的社会身份感;民族中心主义一般都包括对其他文化成员的定势感;在对自己的文化和其他文化之间做出比较判断时的前提是假设自己的文化是常规的、符合自然规律的。

每一个文明都把自己视为世界的中心,并把自己的历史当作人类历史主要的戏剧性场面来描写。与其他文明相比,西方文明可能更是如此。

英国诗人、诺贝尔文学奖得主拉迪亚德·吉卜林(Rudyard Kipling)的一首题为《白种人的负担》(*The White Man's Burden*)的诗歌,指出西方殖民者给非洲、亚洲民族送去现代文明的"责任",成为欧美向外扩张的辩解和西方文明全球扩张的一种道德优越论。欧洲中心主义就是源于欧洲的一种集体信仰结构。它通过殖民主义传播到世界各地。对它来说,欧洲是世界的中心,其余的世界只是其外围,这是民族中心主义的一种强力表现。它认为,不论从地理位置或文化来说,欧洲或西方都是最发达和最优良的,其他的地方如亚洲、非洲、拉丁美洲都是经济落后和文化低劣的。

随着英语的全球扩展,西方文化尤其是其价值观也同样进入英语为非母语的国家,导致其生活方式、世界观、语言使用等方面的变化。强势的英语促使亚洲、大洋洲、太平洋、加勒比海的很多国家将英语指定为官方、准官方或工作语言。在这种状况下,数百万学生学习英语,把它作为全球性的国际交流语言,从而给以英语为母语的英美等国带来丰厚的利益。而且,语言的背后是文化,蕴含着其民族文化和思维方式。伴随着语言推广的是英美等国软实力的全球扩张。一些学者将这种现象定义为语言殖民主义,认为目前英美等国推广的英语教育不是价值中立的,而是以牺牲其他语言为代价的,表现为语言方面的帝国主义。

西方的民族中心主义以及优越论使西方人不愿正视中国文化,阻碍其对中国文化的认知。正如英国学者马丁·雅克2010年11月在伦敦的演讲中所指出的,西方人认为他们是所有文化中最具世界性的。但实际上,在很多方面,西方文化有其狭隘性。在过去的两百年里,西方在世界占主导地位,这使它并不真的需要去了解其他文化。而其他文化即除西方之外的世界一直处于弱势,面对西方文化在其社会的存在而被迫去理解西方,所以实际上他们更为世界化。马丁·雅克特别指出,日本、韩国和中国——这些亚洲人对西方的了解,远远胜于西方对他们的了解。

随着中国更多地参与国际事务,中国与西方的交流日益增多,西方人对中国的认知也在不断地加深。文化的各个方面都是相互联系的,一旦你触及文化的某个方面,其他方面都会受到影响。要理解中国的现代语言、政治和经济,必须了解中国古代的编年史和文明的轨迹。这些不是可有可无的附属品,而是解读中国现代图景以及高雅文化的必要元素。

让西方人更好地认知中国,可以从宏观方面设立一个坐标:

横向看,是历史的中国,中国数千年的历史延绵至今,并继续向前延伸;纵向看,是地理的中国。中华文化应被置于更为广阔的空间和时间内,这样才不至于割裂其历史的传承。

可以简单地说,西方国家因为傲慢,较少了解其他文化;又因为偏见,对其他文化的成见持一成不变的态度。英语为母语的人士在和中国学生用英语沟通时,他们对中华文化的误解和偏见也影响了沟通的进行。

对西方来说,观察中国时,应克服自己的民族中心主义,或者说是克服自己的傲慢与偏见,将中国放在一个历史和地理的坐标上。这样才能看到中国曾走过的曲折、艰难和漫长的道路,以及未来的方向,同时才能看到中国是如此之大,它是历史所形成的疆域,也是所有中国人认同的家园。这样才能对中国的历史、现状和未来有一个比较客观的认知。

正因为西方在文化上的优越感,民族中心主义使西方人在沟通中以自我为中心,误解和忽视其他文化,加剧了沟通的障碍。中国学生不仅要用英语去认识、理解、表述西方文化,还需要用英语表述自己的母语文化,让西方人了解自己,获得沟通的平等地位。这给中国学生在用英语沟通和交流时出了难题,增加了中国学生使用英语沟通的难度。由此彰显出大学英语教学中加强母语文化教学无疑是必须和必要的。

(二)跨文化交际理论中的西方视角

学者的文化价值观会影响其研究的对象、研究的方法、研究的发现,以及如何阐释发现。跨文化交际和语言教学的学术研究理论概念,几乎都源于美国和欧洲学者的阐释。尤其跨文化交际领域是在美国兴起,并主要是通过美国学者的研究发展起来。

大学英语教材里所教授的内容大多是与美国文化相关,会使我们理解跨文化交际产生偏见。而这种偏见源于此领域的主要奠基者——美国制造。将跨文化交际理论用于我国大学英语教育的研究和实践时,需要考虑中国的具体不同情况和文化背景。中国学生更需要保持自己的母语文化在西方强势文化面前的话语表达权。大学英语教学中母语文化的学习是中国学生跨文化交际的立身之本。

通过外语教育促进本国人理解其他国家的历史与文化,是外语教育存在的逻辑基础之一。学习外语,可以更好地理解其他民族,从而促进不同民族间的相互理解。外语课程可以提升学生对其他国家文化的理解,减少狭隘的民族中心主义,帮助学生拥有更宽广的视野,隔离于大众宣传、沙文主义以及片面观点的影响。

由于西方的民族中心主义造成其对东方以及其他除西方之外的世界的忽视,且目前的跨文化交际研究中也存在西方话语霸权的问题,我们在大学英语教学中更应该强调多元文化的平等,克服狭隘的民族中心主义。

二、大学英语教学中母语文化缺失对跨文化交际的障碍

我国的大学英语教学,长期把注意力主要集中在语言形式的教学,一直以来都是以语法翻译法、听说法的教学方法为主。大学生学习英语时,自身已经有了一套母语规则,形成了母语思维习惯,已有的母语知识会对目标语学习产生影响。当母语和目标语规则相同时,会促进目标语的学习,产生正迁移;当母语和目标语规则的表现形式不同时,就会产生负迁移。负迁移常常会产生错误。所以,国内的大学英语界避免教学中以"己文化"到"他文化",导致文化"负迁移"的现象,强调尽量给学生营造英语环境,课堂上要求全英文授课,在大学英语教学中有意识地回避母语和母语文化教学,只关注目标语和目标语文化。

英语和汉语一样都不是简单的字、词、句的组合,而是一个巨大的语言体系。语言的内部因素之间相互联系、密不可分。母语文化不完全是负迁移,不应杜绝母语。在大学英语教学中,更应该强调具备母语文化和目标语文化的知识。培养大学生的跨文化交际能力,在大学英语教学中应重视母语文化的英语表述。对两种文化的互相尊重是成功跨文化交际的必要条件,一个人如果不能首先理解自己的文化,是不能够理解第二种文化的。

语言是民族的象征,是一个民族从事一切精神活动和维持社会联系的必要基础。一个民族的语言,记录着该民族走过的漫长的历史道路。对于民族的独立和统一,语言的作用和地位是至关重要的。热爱母语,就是热爱民族、热爱祖国。民族语言是一座思想、文化和历史的宝库。在跨文化交际中,学习者不可避免地受到母语和母语文化的影响,学习者的母语文化可以作为比较的基础,从而促进学习者对目标语的语言结构的掌握和对目标语文化的深层理解。学习者可以更好地了解文化差异和多样性,在两种文化的相互借鉴中能更好地了解自我。关注母语文化会让学习者重新思考母语文化的定位。

从英语学习成功者身上可以看到,母语文化并不会妨碍他们在英汉两种语言之间游刃。成功的外语学习者,通过外语学习,能更好地掌握和理解母语文化,也能更好地领略和欣赏目标语文化。对目标语和母语的掌握是彼此互相促进的,对目标语文化更深层次的理解和欣赏与对母语文化更深层次的理解和欣赏是相辅相成的。学习一门外语,用外语思维,是最恰当不过的精神操练,而更有意义的是,掌握了一门外语,就是获取了一种观察世界的新的途径。通过语言认识世界,通过比较各种语言来比较人们对世界的不同认识。

中华文化宝库里堆积的东西太多了,保留着几千年以来的文化。如果人们看不懂古文,当然打不开这个宝库,从中华文化的立场看,就是一种损失。我们现在接触的只有白话文,如果我们完全舍弃文言文,我们将无法分享文化资源,只能处于模糊的过去与茫然的未来之间。目前大学生基本上只使用白话文,对文言文多半仅限于教科书上的几篇材料,而且主要是为了应付考试。大学生对中华文化已然是有些陌生了,再加上在大学英语教学中完全看不到中国传统文化及其表述方式,学生也就无法用英语表述自己的思想和文化了。这不仅是大学英语教学的困境之一,也是学生跨文化交际现实的障碍。实际上,在全球化的今天,只有立足于自己的历史文化传统,才能保持自己的主体性和独立性,才不至于在西方文化的话语中迷失了自己。

文化定式虽然有利于加快信息的加工过程,但它导致过分简单化的概括,乃至形成偏见和歧视。文化定式具有相对稳定性,定势与偏见一旦形成就很难改变。文化定式的形成与人们的认知、后天文化的熏陶、个人的经验等密切相关。大学生的认知过程受传媒、大众等各种因素影响,极易形成文化定式与偏见。信息不对称是指在社会、政治、经济等活动中,一些成员拥有其他成员无法拥有的信息,由此造成信息的不对称。信息不对称很容易导致误解并形成文化定式甚至偏见。大学英语的两套教材,不涉及与目标语文化相关的政治、法制等方面的内容,大学生对目标语国家的政治和社会现实缺乏了解。随着时代的发展,在开放、合作、和平、发展的全球化国际环境中,大学生若仍按文化定式去交际,则无法沟通;如果用过于简单的认知方式来看待当今的西方文化,就会出现偏差和问题。

大学英语教学中母语文化的学习是中国大学生跨文化交际的立身之本。目前,大学英语教学大纲存在对母语文化漠视的现象,大学英语教材缺乏母语文化内容。大学英语教学刻意让学生沉浸在英语的氛围中,力图消除所有母语文化的影响,有意识地回避母语和母语文化教学,只关注目标语和目标语文化。

语言是表层的障碍,文化才是真正影响沟通的深层因素。词、句背后的文化,即使拿着字典对照翻译,也很难译出作者全部的情感、思想。翻译是一个再创造的过程,是一项变革性的活动。文化固然影响沟通,但是可以通过翻译或其他的互动,包容和吸收两种文化的精华,让两种文化融会和彼此推动,由此获得文化的提升。

第四节　跨文化高校英语教学建议

一、对大学英语培养目标的建议

2007年的《大学英语课程教学要求》提出大学英语的教学目标是"培养学生的

英语综合应用能力,特别是听说能力,使他们在今后工作和社会交往中能用英语有效地进行交际,同时增强其自主学习能力,提高综合文化素养,以适应我国社会发展和国际交流的需要,大学英语课程不仅是一门语言基础课程,也是拓宽知识、了解世界文化的素质教育课程,兼有工具性和人文性。因此,设计大学英语课程时也应当充分考虑对学生的文化素质的培养和国际文化知识的传授。"

(一)在大学英语教学大纲中明确母语文化和目标语文化的定位

借用梁启超先生划分中国史的方法来明确大学英语教学中母语文化的定位。梁启超先生的《中国史叙论》作为中国通史的纲领,将中国史划分为中国的中国、亚洲的中国和世界的中国三段。中国的文化之所以成为中华文化,是在中国的主要人口发展了成群的共同意识之后,秦汉帝国四百年的熔铸将"中国之中国"定型;在东汉之后,外族入侵加上佛教传入,中国始终有外围的挑战,实际已是"亚洲之中国";"世界之中国"始于清乾隆末期或者还可以更加提前。许卓云先生指出如果中国在"亚洲之中国"阶段就能发展出与其他文化共存平等的心态以及对其他文化的尊重与认识,则中国在进入"世界之中国"时不至于心理上毫无准备而一败涂地。今天的中国人已经认识到中国只是世界的一部分,中华文化只是在人类文明中占了一席而已。

大学英语教学中要涉及其他文化的内容,英语已经是一门公认的世界通用语,除了以英语为母语的国家之外,亚洲、大洋洲、太平洋、加勒比海的很多国家将英语指定为官方、准官方或工作语言,在这种状况下,数百万学生学习英语,把它作为全球性的国际交流语言。就拿中国的亚洲邻居来说,印度、新加坡都通用英语,日本、韩国、马来西亚的英语普及率也很高。全球化的今天,英语已不仅仅被用来与以英语为母语的人士交流,大学生还可能使用英语与来自其他国家的人士交流。

大学英语教学中目标语的文化学习是重点,学习目标语文化是掌握目标语言所必需的,同时学习目标语文化能让大学生意识到自己的文化身份,这也是学生建立文化身份的途径。只有在深入了解目标语文化的基础上,学生才能更深刻理解母语文化,同时学生才能理解到中国的历史和文化是整个世界的历史和文化的一部分,学生才能理解到自己不仅仅是中华文化的传承者,也是世界的一分子,是世界文明的延续者。他们不仅要知道孔子、孟子的智慧,也要了解柏拉图、孟德斯鸠的思想精髓,他们不光要知道中国几千年的史实,也要了解世界几千年的发展。这也正是外语教学的桥梁作用,不是让中华文化与西方文化对立起来,或者简单地以民族自豪感取代文化交流中自由和实事求是的态度,而是让学生明白母语文化和目标语文化不是分隔的和对立的,要能从不同的历史和文化中吸收养分,让学生成为跨文化人。理解另一种文化会给予你一个站立的位置,在那儿你能更好地观察你自己的文化。

(二)大学英语教学大纲的培养目标和教学中要让大学生达到和具备的两个层次的程度和能力

第一层次:让学生能自如地表述自我和母语文化,具备用英语表述母语文化的能力。对西方人来说,中国人和中国的文化都是"文化上的他者",如何避免西方将中国的民族文化和民族自我淹没在西方式的话语中,就必然依靠中国人对自我文化的阐释和表述,就如著名的中国电影导演张艺谋,他对母语文化的大胆表述为他赢得了国际声誉,大学生就要像他那样,用西方人能够理解的方式表述自我以及自己的母语文化。

第二层次:让学生能够深刻理解目标语文化的深层内核,具备对目标语文化的理解能力。对学生来说,目标语文化也是"文化上的他者",如何避免将目标语文化"他者化",如何避免文化障碍是大学生学习的主要目的之一。就如著名的电影导演吴宇森,他在好莱坞拍片时所表现出的对美国社会规则、话语体系、意识形态的理解不亚于美国本土的导演,吴宇森的电影从形式和内容都受到美国文化的认可,在好莱坞赢得了很高的声誉。大学生应该像他那样,做到能够理解目标语文化的深层内核。

大学生应该能够从边缘的视角审视两种文化,弥合起两种文化,从两种文化中吸收养分。哈佛大学前校长德雷克·博克说:"教会学生如何在这个多元社会中生活,是大学义不容辞的责任。"在人的身上,没有哪一样东西比语言更能包容起整个族类。语言具有把各个民族分隔开来的特性,但也正是这种特性,使语言得以通过不同话语的相互理解,把个人差异统一起来,同时并不损害他们的个性。人类所付出的许多努力,都不能充实心灵;如今宗教和文明肩负着开拓的使命,而通向成功的钥匙则掌握在人所固有的语言手中。学习母语或母语文化并不仅仅是让大学生通过考试或者应付日常生活,而是要让大学生能够拿起汉语或古汉语的书籍与自己的祖先对话,吸取先哲的智慧。学习英语是让英语成为一座桥梁,当学生拿起一本英文著作时,就可以与西方文明中的智者对话,进行思想的碰撞。

通过从他者的角度看到母语文化的优势与弱势,从他者的角度审视目标语文化,大学生能够成为跨文化人,在两种文化中搭起一座桥梁,使母语文化在面临西方文化的挑战时,不至于成为一个曾经辉煌但逐渐逝去的堡垒,而是在继承中,在两种文化的交流发展中重新焕发光彩。

二、对大学英语教材的建议

(一)增加通识教育内容

早在1828年耶鲁报告就指出以心智的训练、人文价值作为外语学习的存在和理性基础,大学的功能是训练学生的心智,拉丁语和数学是达成该目的的最好工具。如果学生能够掌握这样系统的、有序的、完整的知识体系,就掌握了一个可以应用于其他不完整科目的思想体系,学习这样传统的、有序的科目可以给学生一个完整的知识体系,用以在其他科目中追寻知识。外语教育是人文博雅教育的一个重要组成部分,源于古典教育的外语教育并非单纯的语言学习,还包括语言所承载的知识与文化,通过语言及其承载的文化,外语教育成为人文教育的核心。通识教育是在大学的人文传统面临专业教育、实用性教育的挑战时被用以实践高校的人文传统,通识教育与博雅教育密切关联,外国语言和文化一直是通识教育的重要组成部分。外语学习通过理解、借鉴、包容他国的历史与文化价值从而与大学教育的重要性紧密相连,而这些文化价值又是人文博雅教育的核心价值。因而,外语学习和人文学科联系在一起,

语言学习不但具有交际的实际应用价值,更重要的是语言学习与文化鉴赏、与

促进和提高分析思考能力、价值甄选能力紧密相连。正是在人文主义思想下,外国语言与文化成为通识教育的一部分。目前国内对于国外外语教育的研究以美国为主,兼有对欧洲国家语言政策与语言选择的研究,其次是对我国香港地区的外语教育(以英语为主)进行研究。但是美国和欧洲,尤其是美国,有大量移民,其中很多移民的后代在学校选择其家庭传承语言。

访谈加拿大外教时,她举例说明加拿大因为法语区的独立倾向,所以要求英语区学生必修法语,但是英语的世界影响更大、用处更广,因此学生学习法语没有动力,学生的法语程度并不高,只是完成学分而已。我国香港地区的英语教育对内地也没有可比性,因为香港地区受英国影响较深,香港人的英语程度较高,英语使用很频繁,有些英语单词甚至进入日常生活。台湾地区高校对中华传统文化的保护和传承好于大陆地区,而且其师生的英语程度也很高。访谈台湾元智大学的学生中,即使是大学一年级的学生也表现出良好的人文修养和英语水平,在国际会议中,为来自世界各地的学者做义工时,其流利的英语和良好的沟通能力,以及在汉语和英语间的自然转换,让人赞叹。因此,台湾地区大学的通识外语教学(即大学英语教学)对大陆地区高校有重要的借鉴意义。

将大学英语系整合进入通识教学部,因为大学英语本身就是通识教育的重要组成部分,而且能够弥补现有大学英语教材的不足,让学生接触到经典作品,同时开阔师生的眼界,促进大学英语教材的改进。对比前文引用的美国大学经典阅读的书单,可以很明显地看出元智大学的经典书目更有包容性,尽量囊括东西经典、文理兼顾,让学生既能以自我主体为主,又能了解他者,尽可能做到融会贯通。

(二)增加母语文化内容

在大学英语教学中,应注意中华文化的表述,帮助学生建立平等的跨文化交际意识。在制定教学大纲时,宏观上的政策要将中华文化提升到与西方文化同等的地位,作为英语教学的一个部分纳入教学计划。在教材的编写中,应该将中华文化内容分层次、系统地纳入大学英语教材。通过对母语文化的学习,让学生树立民族自信心,提升民族自豪感,在跨文化交际中树立平等的交际意识,培养学生输出中华文化的意识,保证文化的双向传输。英语教材直接影响教学内容和教学目的,目前大学英语教材只注重对西方文化的介绍,忽视了中华文化。而跨文化交际中表达的是双向的交际行为,绝不仅局限于对目标语文化的理解,还包括与对方的文化共享和对对方的文化影响,因此,增加教材里的中华文化内容,是我国大学英语教学需要解决的问题。让英语教材发挥培养学生人文素质、弘扬民族文化、提高学生语言能力的作用。

在英语教学中也要融入中华文化,英语教学过分强调学生听、说、读、写能力的提高使英语课变成了单纯的语言技能训练课。这已经不能满足提高学生跨文化交际能力的要求。所以在教学中应改变单一的语言技能训练教学模式,实现真正的文化教学,教师还应该在不同的学习阶段,根据学生程度,帮助学生掌握中华文化的英语表达方法,调动学生积极性,让英语学习者学会用英语向其他国家的人讲述中华文化,让世界了解中国。目前大学英语教师对跨文化交际的认识存在一定的误区,跨文化交际策略、经验及应变能力都有待提高,大学英语教师应有较深的文化功底,还要有较丰富的西方文化知识,兼具母语文化修养。但是,教师自身的中华文化的英语表达能力本身尚欠缺,而这些都会影响到教师的课堂教学。要想在英语教学中融入中华文化,就需要提高教师素质,除了具备语言能力外,还必须具备良好的文化修养,这样才能胜任教学、实现教学目标。因此,要真正实现在大学英语课堂中对中华文化的传承,英语教师就要加强自身的学习,提高自己的综合素质,担负起在英语教学中融入中华文化的任务。在当前中华文化失语的情境下,大学英语教育应该在教学中渗透中华文化,让学生在跨文化交际中保持自身的文化身份,实现有效的跨文化交际。

三、对大学英语教学方法的建议

(一)教师的教学观念

尽管"以学生为中心"的教学理念已经被越来越多的教师所接受,但真正实践起来还有很大差距。我们发现,几乎所有教师都是按照事先准备好的教案进行教学。讲课中,有的教师准备的教学内容明显偏难,超出学生知识范围;有的又太容易,根本没必要讲,但很少有教师根据教学对象调整教学内容。其结果是,一个教师的教学内容太难,让学生云山雾罩;另一个教师的教学内容太简单,让学生无所事事。两种情况下,可以看出教师们不习惯从学生学习的角度考虑如何设计教学内容和方法。教师备课时大多备的是教材,而不是备学生。所反映出的教学观念是,教师教什么,学生就学什么,教师很少考虑学生需求,因此,学生课上学习积极性不够高。

(二)教学内容与方法

如上所述,很多教师备课时主要是备教材,很少考虑学生的需求,因此,上课时,他们都是在教教材,而不是用教材教。两者的区别是前者是根据教材组织教学,考虑的重点是教材中有什么背景知识要介绍、有什么语言点、生词、课文难点要讲解;后者是利用教材开展教学活动,考虑的重点是学生可以从教材中学到什么。可以看出,很多教师备课时做了精心准备,从背景知识、生词、语言点到文章结构面面俱到,教学态度更是认真讲解,娓娓道来,一堂课下来似乎讲了很多内容,但仔细想想好像什么印象都没有留下。究其原因主要有以下方面的问题:

1. 教学目的不明确

很多教师没有介绍教学目的,究竟他们备课时是否考虑教学目的不得而知,但至少是没有认识到教学目的的重要性。很多教师承认,他们每讲一课的教学目的就是讲完某单元课文,很少考虑通过课文学习要达到什么具体的教学目的。

2. 教学重点不突出

没有明确的教学目的,教学内容很容易变成流水账,从生词到课文讲一遍就算完成了教学任务。但学生的记忆有限,不可能将教师讲的每句话都记住,教学内容千篇一律,教师讲得越多,学生越不知道重点是什么。因此,上完课学生感觉没收获。

3. 课堂时间分配不合理

所有教师都以阅读材料为中心,将教学过程分为阅读前、阅读中、阅读后三部分。我们发现,这三部分的时间分配不合理。大多数教师进入课文用时较长,最短的 20 分钟,最长的 45 分钟;部分教师课文讲解用时较长;但完成课文阅读后的活动用时普遍较短。分析原因可能是因为进入课文前教师比较容易组织活动,讲解课文过程中可讲内容较多,而讲完课文后大多数教师感觉完成了任务,所以课后活动往往一带而过。实际上,要提高学生的语言应用能力必须加强阅读后的活动,因为学生在阅读中所学词汇、语法、结构的练习和课文深层次意义的理解及引申都需要通过这部分来完成。

(三)课堂互动与语言环境

通过多媒体设备的使用和教师的英语授课,使学生在课堂上始终处于目标语语境,但这些还显得不够,因为真实语言环境需要互动,需要信息交流,需要用语言做事,而大学课堂上,信息主要是从教师流向学生。有的教师从头到尾滔滔不绝,除了要求学生随声附和一两个词外,几乎没有给学生在课堂上交流的机会。很多教师虽然提问,但只是流于形式,不等学生回答就将答案告诉学生了,根本没准备跟学生交流。但是没有语言互动和信息交流,学生就难以进入真实语言环境。更重要的是,没有跟学生的交流,教师就不知道学生在课堂上获得了什么,也就难以知道教学效果。尽管授课班级学生较多,教师难以给每一个学生机会在课堂上发言,但可以看出,我们的大学英语课堂教学还是以教师讲授为主的语言输入型,学生的语言输出明显不足是影响交际能力培养、影响教学效果的主要问题。Brown(1994)认为,学习者只有通过语言输出才能有效掌握所输入语言,逐渐实现语言自动化。换句话说,学习者不能亲身参与语言实践活动,就不能习得语言。

四、对大学英语师资的建议

2010 年耶鲁大学的课程学习蓝皮书指出,"语言学习是人文博雅教育最为显著和决定性的特征。在 21 世纪,学习外语越来越重要,语言学习的好处在于能够提高学习者对语言的理解力,从而有助于学习者更严密和细致地使用自己的语言,理解所阅读的外语文本,以及理解跨文化交际的障碍。"在耶鲁大学,无论学生的入学外语考试水平如何,都必须学习外语,因为耶鲁大学认为外语技能和数学以及定量的分析技能是通向未来学习和生活的钥匙。随着全球化的深入,我们越来越多地与世界各地的人们接触,以及在我们自己国家内部越来越多的农村人口和外籍人士涌入城市,作为不同程度交际的复合体的对文化维度的知识实际上十分必要。外语成为现代人必备的素质之一,在这样一个多元化的时代,跨文化交际能力是跨文化人必备的素质,这必然对外语教育提出更高的要求。英语教师作为教学活动的实施者、组织者和管理者,必然面临更大的挑战和压力,大学英语系面对各个不同语种专业的学生,教师主要进行语言和文学研究,为适应外语教育的发展,英语教师必须接受严格和广博的培训。论文研究主要关注的是大学英语师资的培训及整合。

国外教师培训主要指的是业务方面,国内的教师培训包括政治思想和业务两方面,政治思想包括爱国主义、集体主义、敬业精神、忠诚于教育事业、认真负责的工作态度等各方面;业务方面则常常将大学英语教师培训简化为外语培训,即提升教师的语言技能,例如对教师的阅读、听说、写作、翻译等进行培训。很多学生、家长、甚至教师本身都认为一个人只要学会了英语就能够教英语,一个人只要英语水平高,就能教好英语,这种看法并不正确,教师培训应该包括"教什么"和"如何教"两方面。

"教什么"并不简单地指"教外语",教语法、词汇、课文等,因为语言本身包括语音、词汇、语义、语法、篇章、语用,语言技能包括听、说、读、写、译。但语言不仅是符号系统,是人与人相互接触时所使用的交际工具,语言还像一面镜子反映了民族历史、文化、心理素质的深层结构。许多学生、家长和教师认为外语学习的目的主要是能够与目标语国家的人员进行商务、教育等方面的交流,这显然是受到语言工具论的影响,只看到了语言在具体的人际交往中的功能,而忽视了语言所负载的文化。语言是文化的载体,涉及文化的方方面面,蕴含着哲理和智慧,在教授语言的同时也在传授文化。

大学英语教学实践中所强调的词汇、语法、篇章都与文化密切相关,单词的意义通常是文化所决定或限制的,不同文化的特征经过历史的积淀都在词语中留下了痕迹。英语是具有严格语法规则的语言,汉语的语法则相对灵活,两种语言的差异与文化传统和思维方式有关。语言的推理方式可以从语言的行文中看出来,对不同文化背景的英语学习者所写的文章进行分析,发现学习者在逻辑层面和篇章结构上受到不同文化因素的影响,英语篇章呈直线型,常用演绎。汉语篇章呈螺旋型,句子之间没有太多的连词,是靠思维的连贯、语义的上下呼应来表达完整的意思。

针对大学英语教师的师资培训中必须突出语言的文化内涵,英语教师在学习语言的同时必须学习文化知识,在教授语言的过程中必须涉及文化。在大学英语教师培训中应包含世界政治、经济、文化内容。

目前在大学英语教师培训中,一般认为"如何教"就是指教学方法。李岚清就曾说:"由于教学方法的不够得法,我国知识分子的总体外语水平不但不如发达国家,也不如许多发展中国家,什么时候我们能找到一种适合中国人有效地学习外语的方法就好了。"外语教学涉及语言学、心理学、社会学、人类学、教育学等相关学科,教学法只是"如何教"的一个方面,"如何教"还包括二语习得、语言学习的过程、学习者个体差异等各个方面。

当前教学法研究理论与实践都源于西方国家,缺乏本土化的经验,国际上英语教学领域的主流教师教育方法往往缺乏非常重要的社会政治维度,正是这一维度才能使英语教学在其所处的社会、文化、经济、政治等复杂环境中得以本土化。所以在"如何教"的培训方面,教学法只是一个方面,还需兼顾其他很多因素。在后方法教学时代,教师的任务不是去寻找或应用最好的教学法,而是去实践既能够满足学生需求,又能适应学生个体差异的教与学策略。

外语的重要性,以及学生、社会对大学英语教学的更高要求,促使大学英语教师接受更高难度和更深层次的培训,同时教师还需要具备广博的知识和文化素养。但是大学英语教师在繁重的教学工作之外很难抽出大量的时间进行长期系统的培训,对于主要毕业于外语专业的大学英语教师进行跨学科的培训,不是短期培训可以见效的。如何保证大学英语的教学质量呢?要进行大学英语师资的整合。元智国际文化及服务组为拓展师生国际视野,以文化交流为目的,外籍师生服务为主轴,经常举办与世界的文化对话,通过讲演、留游学宣传、文化交流周等活动,提供师生更多的国际文化交流的机会。国际语言文化中心执行全校大学英语教学课程,并建构提升自我学习外语与国际化之数字化设备与国际化生活环境。强化学生外语能力,提升国际竞争力,并配合国际化之政策以进行各单位与国际学术文化交流之业务。中心负责规划及执行全校性各项英语、第二外语及汉语课程,协办各种语文测试及文艺活动,以改善校园外语学习环境,提升师生国际视野与文化涵养。

将大学英语教师整合进入国际语言文化中心,与对外汉语教学的师资和外事交流与联系的师资整合,形成跨语言、跨文化的团队。同时将国际语言文化中心设为通识教学部的下属分支,元智大学通识教学部的师资涉及佛学、易学、流体艺术、中国文学、东南亚华文文学、公共组织与管理、非营利组织与管理、哲学、美学、教育学、物理、环境工程、化学、心理学、梵语、巴利语、俄罗斯政治思想史、诗学、人类学、家庭研究、儿童发展等多个学科,使大学英语师资能够形成跨学科的团队。大学英语教师在交流、各种活动、教学中都能够很快获得帮助和所需的资讯,师资整合给大学英语教师一个自然地提升自我、丰富自我的过程。大学英语教师是大学英语教学能否走出困境的关键之一,进行大学英语教师培训,以及大学英语教师和其他相关学科教师的整合是比较好的解决问题的方式。

第五章 高校英语教学与跨文化传播

第一节 高校英语教学与跨文化传播的基础

教育也属于传播学的研究领域。教育传播定义为：一种以培养和训练人为目的而进行的信息传播活动。也就是说，教育是一种有目的、有意识地对人进行的信息传播活动。因此，英语教学与跨文化传播密不可分。接触和了解英语国家的文化有益于对英语的理解和使用，有益于加深对本国文化的理解与认识，有益于培养世界意识，我们在多年的教学活动中，已经逐步认识到了跨文化传播教学的重要性，也总结出了一系列行之有效的教学方法。

一、进行跨文化传播教学的原因及目的

随着社会科技和经济的发展，教育逐步走向国际化，国家间的教育交流与合作日益频繁。世界各国相互交流，相互竞争，共同促进国际教育的发展。国家的发展主要依靠教育，各国综合国力的竞争和发展主要依靠国际型人才，国际型人才的培养和竞争成为教育国际化的核心。培养高素质、具有创新精神和创新实力的人才成了我国教育的重心和目标。

在我国传统的学校教育中，教师是权威的掌控者，把知识灌输给学生，学生是被动的接受者，学习缺乏积极性和主动性。文化差异是跨文化交流的障碍，克服文化差异造成的交流障碍已经成为整个世界共同面临的问题。一个企业若想让自己的产品打入国际市场，一个跨国公司若想在众多国家和地区创造高效益，不仅需要高超的经济和技术手段，而且需要深入了解对象国的文化。现代社会中一个企业的成功不仅是经济的成功，而且是跨文化交流的成功。

目前我们国家学生以英语为普及外语。我们在过去的英语教学中,把训练学生的听、说、读、写作为首要目标,极少考虑文化的内涵和使用环境。我们的中学英语教学长期以来固守一个模式,那就是片面强调语言能力,围绕书本讲语法、背句型,而不太注重语言环境的教学。这是我们学生在真正的跨文化交流中发生语用错误的症结所在。近二十年以来,这种情况有所改变。许多英语教师认识到在语言使用时,除了结构规则,即语音、词汇和语法等起作用外,还有一种规则——使用规则——在起作用。

二、英语跨文化传播教学的理论基础

(一)认知建构主义理论

建构主义也称为结构主义,由瑞士学者让·皮亚杰最早提出来。皮亚杰认为,智慧本质上是一种对环境的适应,智慧的适应是一种能动的适应。一定的刺激只有被主体同化于认知结构之中,主体才能做出反应。在皮亚杰的理论基础上发展而来的认知建构主义学习理论认为:知识不是通过教师传授得到的,而是通过学习者在一定的情境下,借助其他的帮助,利用学习资源,通过意义建构的方式获得的,教师只是活动中的指导者与参与者。建构主义学习理论的基本观点包括三点:

(1)学习是一种意义的学习过程。知识的获得是学习个体与外部环境交互作用的结果。

(2)学习是一种协商活动的过程。由于每一个学习者都有自己的认知结构,对外部世界的理解局限于自己的经验解释,因而不同的学习者对知识的理解会不完全一样,从而导致了有的学习者在学习中所获得的信息与真实世界不相吻合。此时,只有通过社会"协商"和时间的磨合才有可能达成共识。

(3)学习是一种真实情境的体验。在真实世界的情境中会使学习变得更为有效。学习的目的不仅仅是要让学生懂得某些知识,而且还要让学生能真正运用所学知识去解决现实世界中的问题。

学生对知识的建构是受社会性相互作用影响的。学生之间的相互交流会影响学生的知识构建。因为,由于每个人的已有经验和学习情境不同,对知识的理解会存在一定的差异。这就是说,学生对知识的理解是多元的。相互交流能促使每个学生从多个角度来建构知识。在英语教学的过程中,老师进行跨文化的传播,学生可以通过对不同语言和文化的吸收来建构自己的知识体系、文化体系和价值体系,并通过对不同真实情境的模拟教学来掌握正确应用英语的能力。

(二)探究式学习理念

学生主动探究的学习活动,是一种学习的理念、策略和方法,它适用于各科的学习。它要求教师在教学过程中以问题为载体,创设分析问题和解决问题的情景和途径,让学生通过探究主动获得知识并运用知识。在跨文化传播的英语教学中,探究式学习理念表现为学生获得他国文化信息并处理这种信息的能力,在探究中要学会如何应用所获得的信息来正确处理自己面临的问题,尽量消除跨文化交流中的文化障碍。

1. 在英语教学中激发学生学习兴趣,培养学生自主学习能力

激发学生学好英语的浓厚兴趣,培养学生自主学习能力,是使学生进行主动的探究式学习的前提条件和主要手段,是提高英语教学质量的有效途径。兴趣是最好的老师,随着现代教学技术的普及,DVD、多媒体的使用给学生提供了听觉、视觉的新感受。这为学生创造一个轻松有趣的学习环境、增进学生的兴趣有着特殊的作用,能让学生在愉快轻松的气氛中掌握语言知识和语言技能。培养学生轻松愉悦感,能诱发学习兴趣。

2. 在英语教学中培养学生反思性学习能力

反思性学习是以学生为本,以教学的具体内容为对象,以激发学生主动思考、积极研读和努力实践为目标,以理解掌握和升华应用知识为内容的研究性探索活动,具有主体性、探索性、灵活性、创新性和开放性等特征。

反思性学习的出发点在于优化学生的英语学习方式,通过思考和探究进行分析归纳和处理知识信息等活动来使学生学会合作,学会学习,最终实现提高学习效率、提升思维意识、提高分析能力、形成综合创新能力的目的。

3. 在英语教学中培养学生创新性学习能力

探究式教学特别重视学生智力的开发和创新性思维的培养,力图通过学生的自我探究引导他们掌握科学的学习方法,为其终生学习奠定坚实的基础。培养学生创造性学习能力的重要任务是开发学生的潜能。教师不能独占整个教学活动时间,教师要结合学科教材内容的特点和学生已有知识储备和能力水平有效开展形式多样的课堂教学活动,对学生进行有效的思维方式训练。

(三)人本主义理论

人本主义教学观是在人本主义学习观的基础上形成并发展起来的,现代教育理论主要从心理学的角度来探讨外语教学,认为:教育的真正意义在于发现人的价值,发挥人的潜力,发展人的个性。人本主义教学理论就突出了这一概念。人本教学法的核心是对学习过程中的完整的人的充分尊重与重视。由此,真正的学习涉及整个人,而不仅仅是为学习者提供事实。

人本教学法着重于教学过程(teaching process)。人本教学法认为,关注过程就要从学习者的角度考虑课程或大纲内容是如何被传授和学习的,考虑怎样把学习内容与学习者的生活联系起来,大力倡导教育的中心要从"教"转变为"学"。教师的任务不是决定学生应该学什么,而是去发现并创造一种有利于学生能自主学习和成长的氛围。人本教学法主张以学习者为中心,注重情感因素。

三、高校英语的认知建构主义理论

传统的课堂教育沉闷无趣,学生没有学习兴趣,缺乏创新能力,无法适应社会的要求。因而传统的教育显然已不适应教育国际化的要求,无法为国家输送优秀的国际型人才。因此我们需要一种新型的教育理论和教育方式来替代。从20世纪90年代开始,一种新型的理论——建构主义理论——开始逐步替代了我国传统的教育理论。建构主义是认知学习理论的一个重要分支,是认知学习理论的再发展,从认识论的高度揭示了认识的建构性原则,强调了认识的能动性。建构主义理论在国际教育领域的理论和实践中起着举足轻重的作用,它是新一轮课程改革的现代教育理论依据之一,是对传统教育理论的挑战。建构主义认为知识不是教师传授而得,而是学生主动构建而获得,提倡以学生为中心,教师只是组织者和帮助者。

建构主义的知识观、学习观和师生观对教育理念具有重要的指导作用和实践意义,引发了教育工作者的不断思考和探索。笔者作为一名一线英语教师,对中学的英语教育现状有很清楚的认识,深知英语教育的重要性和实践性,也在不断探索适应当今社会的更好的教育模式。

(一)高校英语教学的建构主义思考

1. 问题的提出

社会的发展、国际化的加剧以及中国在国际的"中心化"使英语逐步成为人们交际的首选语言,英语的重要性已经不言而喻。教育国际化需要学习英语,走向世界也需要英语的帮助。英语的应用越来越广泛,英语学习竞争不断加剧,英语学习要求越来越高。现代英语教学面向的是全体学生,要全面提高学生的整体素质,培养适应时代和社会发展的英语人才。

近二十年来我国制定了全国统一的教学大纲和一系列有利于英语教学的外语教育政策,近几年更是不断改编英语教材,更新配套的参考书和习题集等。然而在面临具体教育实践时却有许多问题和困惑,教师的教和学生的学经常发生矛盾和冲突,英语教学迫切需要更切实有效的方法和手段。

2. 研究的现状

在过去的三四十年中,教育似乎在走下坡路。人们有个普遍的共识,那就是教育出了一些问题。因为走出校门的孩子们不会读书、写作;在工作中无法有效地运用数字操作;甚至有的缺乏科学的世界观知识,相当多的人仍然相信月相是由地球的阴影造成的。众所周知,在传统的教育中,强调刺激—反应,把学习者作为知识灌输对象,强迫学习者接受外部刺激做出被动反应。

随着教育国际化的发展,英语学习在我国得到极大的重视和发展。教育部规定从初一开始开设以英语为主要语种的外语课。然而现在开设英语课的时间越来越早,甚至从小学一年级起就开设英语课,几乎与汉语拼音同步开始学习。这种课程设置是否对学生的语言学习有利,学生在母语都还没学会的情况下对英语的理解和掌握究竟有多少,我们不得而知,但我国目前的基础外语教学中确实存在很多问题:在教学目标上只注重知识的讲授而忽视实际能力的培养;在教学过程中学生的主体地位得不到体现,学生学习英语主要是为了应付考试;在教学方法上被动多于主动,灌输多于启发,不利于学生学习兴趣的培养和学习积极性的调动。

(二)高校英语的认知建构主义教学理论概述

1. 建构主义的知识观

知识的建构就是人在一定的情境之下,面临新事物、新现象、新问题、新信息时,会根据情境中的线索,调动头脑中事先准备好的多方面、多层次的前经验来解释这些新信息,解答这些新问题,赋予它们意义。传统的客观主义知识观认为,知识是客观世界的本质反映,是对客观事物的准确表征。知识只有在正确反映外部世界的情况下才被认为是正确的,客观知识就是真理。大多数建构主义对知识的客观性和确定性提出了质疑,认为知识不是对现实的准确表征,它只是一种解释、一种假设,并无最终答案。另外,建构主义者认为,知识不可能以实体的形式存在于具体个体之外,甚至这些命题还得到了较为普遍的认可,但这并不意味着学习者会对这些命题有同样的理解,因为这些理解只能由基于个人的经验背景而建构起来,它取决于特定情境下的学习历程。在具体的问题解决中,学习者需要针对具体问题的情境对原有知识进行再加工和再创造。建构主义的这种知识观尽管有些激进,但它向传统的教学和课程理论提出了巨大挑战。在建构主义看来,课本知识只是一种关于某种现象的较为可靠的解释或假设,并不是解释现实世界的"绝对参照"。在学习过程中,学生不仅理解新知识,而且对新知识进行分析、检验和批判。

英语教学是语言知识的传授和学习。建构主义英语教学观批判教师灌输、学生被动接受的教学方式,也反对乔姆斯基先天语言习得机制在语言教学中的根本性作用。建构主义知识观认为语言学习是环境交互作用,学习者主动建构知识的过程。它提倡以学生为中心,教师作为组织者和引导者能善于运用情境教学、问题教学、协作教学等各种教学手段和方式来帮助学生更有效、更灵活地学习英语知识。建构主义知识观主要阐述了知识的主动性、情境性和群体性。

(1)知识性,即认为知识是对客观特质世界的假设和推测。在英语教学中,对知识意义的把握应以研究的方式来学习,建立在自己的经验之上。

(2)情境性,即强调真实情境下的学习。英语学习尤其强调学生的亲身体会和实践,讲究课堂活动及实际运用。

(3)群体性,即认为学习是一个社会互动过程。作为用于交流、具有很强实践性的语言性科目——英语语言学习,讲究在自然环境中同伴间互动、合作完成。建构主义知识观在英语教学中得到很好的体现和运用。

2. 建构主义的学习观

(1)学习是认知结构的改变过程

建构主义认为个体的学习是双向建构的过程。学习过程不是简单的知识信息输入、存储和提取,而是新旧经验或经验之间的相互作用过程,这主要涉及同化和顺应两种机制。学生要提取与新知识一致的旧知识来同化新知识,而且要关注到新旧知识之间的冲突,并设法调整解决这些冲突,有时需要改变原有的错误观念。

(2)学习是个体主动建构自己知识的过程

不同倾向的建构主义者对学习的关注有所不同,有的关心个体与物理环境的交互作用,有的关心个体与社会环境的相互作用,但他们都把学习看成是意义建构的过程,都用新旧知识经验的相互作用来解释知识建构的机制。

(3)情境、协作、会话、意义建构是学习环境设计的四大要素

建构主义认为,知识不是通过教师传授得到的,而是学习者在一定的情境即社会文化背景下,借助学习获取知识的过程及其他人(包括教师和学习伙伴)的帮助,利用必要的学习资料,通过意义建构的方式而获得的。

"情境":学习环境中的情境必须有利于学生对所学内容的意义建构。这就对教学设计提出了新的要求,也就是说,在建构主义学习环境下,教学设计不仅要考虑教学目标分析,还要考虑有利于学生建构意义的情境的创设问题,并把情境创设看作是教学设计的最重要内容之一。

"协作":协作发生在学习过程的始终。协作对学习资料的搜集与分析、假设的提出与验证、学习成果的评价直至意义的最终建构均有重要作用。

"会话":会话是协作过程中的不可缺少环节。学习小组成员之间必须通过会话商讨如何完成规定的学习任务的计划。

"意义建构":这是整个学习过程的最终目标。所要建构的意义是指事物的性质、规律以及事物之间的内在联系。

英语教学比较好地体现了建构主义学习观,尤其是随着技术的发展,多媒体在英语课堂中的广泛使用创设了有利于学生建构知识的英语语言环境。课堂教学中通过多媒体可以多层次、多维度地展现教学内容,学生学练结合。英语教学应注重培养学生的语言运用能力及掌握语言学习方法,多媒体辅助教学恰好提供了帮助学生多途径、多方法地构建新知识的语言教学环境。其创设的情境使学生在真实的环境中进行言语交际,更好地学习和使用其所学的语言,从而能在很大程度上激发学生的学习兴趣和动机,使学生建立学习英语的自信心、自我主人翁感,主动地进行英语知识意义的获得和建构。

3.情境:语言学习的必需

(1)情境的教学效应

建构主义的学习观为我们提出了如何培养"每一个学习者的学习"的课题,亦即寻求这样的"学习":基于体验与活动的、关注学习者内在的兴趣爱好的学习,以及关注以学习者的整体的成长与发展为轴心的每一个学习者的学习。这种发展学习者经验的新学习观所要求的"学习"具有如下特征:通过体验与活动的学习,因此,不仅是头脑认知的操作,而且身体与情感也融为一体;学习者的成长、自我形成不应当视为单纯的学习者自身的内在成长,而且同自然和种种他者的沟通与社会参与过程中的"交互作用关系""情境"和"场"对于学习具有重大意义。

在中学英语教学中,要提高学生的英语学习,必须激发学生的学习兴趣,把被动的知识学习变为一种需要,让学生自然接受,主动学习。"学生应该建构自己的知识",这是近年来很多教育机构的号召。我们可以创设语言学习情境来帮助学生更有效地建构自己的知识。我们需要快乐教学。

所谓快乐教学,就是通过师生、生生之间情感、言语交流,激发师生教与学的热情,使学生在愉快的气氛中不知不觉地学到知识,自然而然地应用它。

在情境中进行语言教学可帮助学生掌握并及时运用所学习的语言知识,使他们有切身的体会,从而达到理想的教学效果。网络上有很多学习英语的小游戏之所以吸引人,就是因为人们能在游戏中自然轻松地掌握新知识,并能边学边用,学起来没有负担。

"让学生在生动具体的情境中学习英语"是英语新课标倡导的教学理念。在游戏这个活动场景中,有过生日这个主线引导学生逐步学习并掌握,好奇、挑战的心理及成功后的喜悦盖过了犯错的烦恼,学生就不觉得记忆字母是辛苦而又枯燥的了。游戏其实也创设了一种具体情境,把字母和单词放在具体情境中运用,学生感受到了学习的快乐,而不仅仅是为了掌握某个知识才学习。在课堂中适当地引入这种游戏教学模式,可以激发学生的学习兴趣,并且可以通过所创设的语言学习情境,帮助学生更好地构建新知识。

语言脱离了情境就难以表达意义。所以,学生只有把所学运用到表述意义的情境中去,才能使语义更加明确。好奇是人的天赋,兴趣是最好的老师。兴趣是学习的动力,学生有兴趣学习才能提高外语教学质量,英语课堂才能实现快乐教学。教师要以自己自然、形象的表演,靠身体语言,包括多变的手势、丰富的表情、抑扬顿挫的语调去设计语言环境,使学生身临其境,能在欢乐的气氛中获取知识并积极参与语言实践活动,使教与学都能和谐地达到预期效果。由于学生知识面比较狭窄,生活经验贫乏,所以在教学中要从感性认识开始,使教学内容具体化、形象化。因此我们必须充分运用实物、图片、幻灯片、录音、多媒体等教学手段来创设和渲染情景气氛,让学生的各个感官都动起来,自然而然地去看、去听、去说、去感觉,达到运用语言的目的。

(2)情境的类型

建构情境就其广义来理解,是指作用于学习主体,产生一定的情感反应的客观环境。从狭义来认识,则指在课堂教学环境中,作用于学生而引起积极学习情感反应的教学过程,创设情境可分为以下几类。

直观情境，即教师通过创造性劳动，把教学内容变为具体、可感的东西，体现教学的直观性原则，提高教学效率。这是理论联系实际的一种方法。直观情境可以是"实物直观"，就是运用实际事物或其模拟形象来进行，包括实物、图片、简笔画等。如在教学运动类的词汇和句型时，小一点的物品如乒乓球、羽毛球等可以带实物进课堂，而大一点的物品如篮球、排球、足球或其他运动项目等可以用图片或在黑板上用简笔画来表示。

直观情境还可以是"言语直观"，就是教师运用言语的声调、节奏、情感等多种因素，绘声绘色地勾画场景，引导学生增加对课文的感知和理解，或通过录音机、电视机等把课文场景呈现出来，让学生能直观感受课文中人物的语气、语调，融入角色之中，加深对课文的理解。

言语直观给予了学生强烈的心灵刺激，让学生自然投入，有身临其境的感受，从而成为学习的主体，有兴趣主动去学习、去了解，而不是被动地去接受和理解。言语直观在一定程度上是老师讲学生听，因此在用言语描绘情境时应要注意言简意赅，迅速把学生带入情境之中，过多的废话只会分散学生的注意力，同时老师还需要有一定的幽默细胞，灵活处理课堂突发现象，既要吸引学生的注意力，又不能打击部分易走神学生的积极性。枯燥乏味的言语只会让学生觉得厌烦，无法投入，因而达不到理想的教学效果。

问题情境是指教师有目的、有意识地创设的各种情境，以促使学生去质疑问难、探索求解，即在教材内容和学生求知心理之间制造一种"不协调"，把学生引入一种与问题有关的情境的过程。这个过程也就是"不协调—探究—深思—发现—解决问题"的过程。

创设问题情境是培养学生解决问题能力的重要方法和有力手段。因此，在英语教学过程中，教师应该根据不同的教学内容，创设不同的问题情境来达到培养学生解决问题能力的目标。

俗话说，好的开头是成功的一半，在上课伊始就能吸引学生的注意力和兴趣，使他们产生强烈的好奇心和求知欲，教学往往会达到事半功倍的效果。所以课堂引入是相当关键的。学生在上课伊始往往还没有从课间休息的兴奋中进入上课状态,如何在最短时间内吸引学生的注意力,尽快调整学生的心态是十分重要的。我们习惯在上课前提一些问题,这些问题大多是前次课学过的旧知识。一来可以检测学生回家是否复习了,二来不会让学生觉得难度大,不至于在一开始上课就听得一头雾水,失去听课兴趣。然后再慢慢引入新知识的学习。孔子说:"温故而知新。"学生只有掌握好了旧知识,才会更有兴趣学习新知识。

值得一提的是,创设问题情境前教师应当深思熟虑,而且随着课堂的推进,学生会不时产生新的想法或新角度的提问,需要教师有较强的应变能力,善于顺着学生的思维引导学生,更好地达到或超出预期的教学效果。首先向学生展示各个不同时间的各种活动或动作,向同学们提问,会运用到一般现在时、一般过去时、现在进行时、一般将来时等,学生可能会有各种各样的错误回答,就先让学生之间互相指出错误之处,然后再给学生提示,引导学生回答出正确答案。学生可能会用不同的方法来表达同一个意思,我都表示支持和肯定。接着归纳出各种时态中比较常见的时间状语,让同学们用这些时间状语造句,然后请同学们自己归纳一些时态的一般规律,我再做补充。最后请同学们自己设计不同的时间或场景,由同学造句、翻译或编对话,互相讨论、交流,并把内容写下来,做一些修正,然后交给老师批改。

这个过程比较费时间,也会耗费很多精力来设计习题,但是这种以问题情境为主所创设的学习环境可以很好地激发学生的兴趣。因为所提问题和通过多媒体所创设的情境都与平常生活学习息息相关,比较容易理解,学生就不会觉得时态那么晦涩难懂又无趣了。通过这种方式复习时态,学生印象深刻,取得了很好的教学效果。

问题情境的创设给学生提供了有利条件,使学生在自然交流的环境下掌握相应的知识。应当注意的是,英语教学的主要目的是让学生学会运用英语,所以应该要容忍交谈中可能犯的一些小错误,重要的是学生能自觉运用英语来思维、交流,要鼓励学生多说、多用。因此教师没必要时刻提醒并纠正学生犯的错误,这样会打击学生说英语的兴趣和自信心,只要大家能听得懂,能明白,就达到了交流和运用英语的目的。学生在日常交流中会自然知道并改正自己的错误,因此运用英语交流的关键是要让学生学会自主思维。

故事情境是指教师有目的地引入或创设具有一定情绪色彩的、以形象为主体的生动具体的故事场景,引导学生进入故事情节,扮演其中主人翁的角色,进行探究和思索,引发学生积极思考,从而帮助学生理解教材,达到自主学习的教学目的。

情境的创设能始终抓住学生的注意力,还可以对以前的经历和知识经验更有体会和感触,是语言知识在实际生活中的运用。因而学生自始至终积极性高涨,情绪饱满,句型掌握得很好,运用自如。

心理学家布鲁纳说过:"学习的最好刺激是对所学材料的兴趣。"创设故事情境的目的正是为了激起学生的学习兴趣,所以故事情境的创设必须要贴近学生的生活和兴趣。教师必须要根据不同的年龄段来创设,否则故事如果没有吸引学生会起反作用,直接影响后面课程内容的传授。

活动情境是指教师通过开展各种活动引导学生主动思维、交流,灵活运用所学知识,开拓学生思路,改善课堂氛围,培养学生协作学习能力,以充分调动学生的学习主动性。这些活动包括游戏、对话、短剧、英文歌曲、配音、演讲、写作等。活动情境既是一种竞争,也是一种合作,合作与竞争相辅相成,才能发挥学生学习的积极性,同时促进学生之间相互团结、分工合作,增强集体荣誉感,充分发挥学生的主体作用。

建构主义认为学习总是与一定的社会文化背景(即情境)相联系的。不同的情境能够给各种特殊的学习者不同的活动效果,也就是说学习者实现意义建构置于一种由对社会生活和自然环境进行提炼而得到的典型的情境之中。它的核心在于激发学生的情感和学习兴趣。所以,它突破了传统教学方法的弊端,在教学实践中取得了良好的效果。根据中学英语教学的实践,情境创设可归纳为:语言描绘情境、内容丰富情境、情感渲染情境和多媒体虚拟情境。

4. 协作:语言教学的有效方法

(1)英语教学中的协作

协作学习是一种以学生为中心,以小组为形式,为了共同的学习目标共同学习、互相促进、共同提高的一种学习方式和教学策略,它在强调完成学习任务的同时,培养小组成员个人的协作能力。在协作学习过程中,教师起着督导的作用,协作小组则以相互合作共事的态度,共享信息与资源,共同担负学习任务,而学习者在其中既有一定的相对独立性,又同时和其他组员相互协作,以便学习任务的完成。这种协作活动有利于发展学生个体的思维能力,增强学生个体之间的沟通能力以及对学生个体之间差异的包容能力。建构主义认为,学习不是学习者被动地接受知识的过程,而是积极建构知识的过程。

英语教学中的协作包含三个方面:"倾听",即无条件、全身心地倾听对方的意见和感受;"交谈",即让所有的人都能够畅所欲言,表达自己的心声;"沟通",即真正理解各方的立场和看法,在对话中形成共识的行动方案。英语教学中的协作是发展学生自主性的需要,是提高学生英语整体素质的需要,也是发展学生思维、情感的需要。人的自主性是在活动中得到表现的,是个人对于自己活动的支配和控制的权利和能力。在英语教学中采用协作学习为学生的自主性发展提供了适宜的发展空间。心理学研究表明,人的素质主要是在活动中形成的,活动结构决定人的素质结构,而人的素质水平则取决于个体参与活动的主体能动性。因此,要发展学生的英语整体素质,就必须建立一个较为完整的教学活动体系。在这个教学体系中,协作学习可以让学生参与各种类型的交往活动,融合到群体中,通过各种途径与协作伙伴用英语进行交流,满足他们与同龄人交往的需要,也是在这种活动和交往中,学生有更多的机会进行语言的操练。恰当运用协作教学模式教学才能使学生被吸引,使他们"乐于学—学得好—更乐于学",形成协作学习的良性循环。皮亚杰指出,协作学习在儿童认知发展建构中是一种主要的方式。英语教学中的协作教学模式是按学生的知识结构、能力水平、学习进度、个性特点等混合分成若干小组,通过同伴教学、游戏竞赛、小组辅助个体和共同学习等学习方式完成学习任务、解决实际问题,达到共同提高的目的。在协作学习环境中,教师和学生面对的是相同的学习环境,对教师而言,其主要任务是引导学生进行学习、解答学生提出的问题、引导学生保持正确的学习方向;对学生而言,要由传统的信息接收者转变为信息的生产者和传递者,要紧紧地围绕课堂话题进行语言活动。教师要帮助学生建立起协作学习小组,比如我们学校是以小班形式进行教学,所以在排座位时就会有意识地安排好,方便学生进行小组协作活动。也可以根据课堂内容的不同适时调整座位,摆成有利于小组或集体讨论交流的"组团式"或"圆桌式"。在协作学习中要有一定的评价机制,主要以集体奖励为主,以鼓励小组之间的良性竞争。

总之,协作学习在帮助提高学生的听力水平和口语会话水平、锻炼学生阅读理解能力和写作能力方面起着重要作用。教师在协作教学中既是学生学习活动的参与者,又要充当学习活动的组织者、引导者和评价者。

(2)协作模式的设计

协作学习模式是指采用协作学习组织形式促进学生对知识的理解与掌握的过程,通常由四个基本要素组成,即协作小组、成员、辅导教师和协作学习环境。

在英语教学中,我经常在课后布置学生进行电影配音表演,以这种协作学习模式来帮助学生巩固所学知识,培养和锻炼学生的综合能力。要想配音做得好还需要反复商讨、练习、磨合,才能做出自己最满意的效果。在这些过程中,不但可以训练学生的协作学习能力,而且能帮助学生练习地道的英语,并把课堂中所学到的知识很好地发挥出来。一旦熟练后便会记忆深刻,在今后能自然而然地表达出来。在这整个过程中,学生是完全的学习主体,能主动学习,学习兴趣高涨,知识与实践的结合加深了学生的印象,达到了很好的学习效果。

(3)协作过程与协作策略的设计

英语教学中协作过程与协作策略的设计主要包括提出探究性问题、教师和学生的主要活动、协作解决问题的方法、讨论和判断、总结评价等方面。在协作学习中,主要由教师提出问题,组织并引导学生在个人自主学习的基础上开展小组讨论、协商,以进一步完善和深化对主题的意义建构。英语协作模式教学为学生的"意义建构"创设了必要的情景,又为"协作"与"会话"提供了充分的条件。

5. 会话:语言学习的本征

(1)会话是语言发展之源

语言的社会功能决定了语言研究必须要考虑社会因素对语言的影响。人只有把语言置于动态的社会之中才能揭示语言的动态本质。语言因为人们交际而出现、存在并发展。美国语言哲学家格赖斯(H. P. Grice)于1967年提出的合作原则中指出,在所有的语言交际活动中为了达到特定的目标,说话人和听话人之间存在着一种默契,即每一个交谈参与者在整个交谈过程中所说的话应符合这一次交谈的目标或方向。该理论探讨在具体的语言环境下分析语言,接受话语的言外之意。

英语会话作为一种自然语言,应该具备这四条准则,否则会引发歧义或偏差,或者达不到交流的目的。

会话是语言发展的根本,是言语交际的关键。言语交际行为一个很重要的方面就是交际的过程总是和交际意图分不开的。如果会话达不到交流的目的,总是答非所问,或不能理解话语的言外之意,是难以与人沟通、相互理解的。会话双方只有在某种程度上达成一个共同目标,才能继续交流,才是有意义的会话。

在英语教学中应该引导学生去领会会话中的意思,而不仅仅是字面意思,这样才有利于学生在理解中学习、掌握新知识。

掌握了这些会话原则对语言学习是很有帮助的,可以帮助学生明白字里行间的深层意思,而不仅仅是停留在单词和句子的表面,就像泰勒所说的"知道每个单词和句子的意思,却无法理解他们的含义是什么"。要理解和把握会话的意思,就需要在自然环境中不断练习、磨合,从而达到有效交流,形成有意义的会话。

(2)会话是语言学习的起点

心理语言学认为:学习语言的能力是人类的生物特征之一,是人类大脑的特有机制。建构主义为语言会话提供了重要的传输方式。这并不是说建构主义是一个新的观点,而是随着我们必须要处理的信息量的日益增多以及随着技术的发展所提供的新机遇的不断增加,促使我们重新审视建构主义。语言学习是有相通点的,就像没有一个孩子是先学汉语拼音才学说话一样,我们学习英语也应该首先是从会话开始。从最开始的观望者到后来的参与者,不仅是会话能力的锻炼,更是勇气和信心的培养和锻炼。

(3)会话是语言学习的目的

语言学习的最终目的是运用,语言的运用主要体现在口语表达的交际,学习语言如果不经常运用会很快遗忘的。

(4)会话是语言实践的基本方式

任何一种能力的培养和学习都是需要兴趣来支撑的,以汉语为母语的我们在说汉语时几乎不用多加思考就可以脱口而出进行交流,表达自己的意思。我们在牙牙学语的时候不会觉得很累,自然而然就会想说、想模仿,而语言能力就是通过会话逐渐形成并加强的。我们从幼儿开始学习会话,一辈子都在口语交际中,口语的丰富、深刻、敏锐、美妙,必须建立在开启个人生活体验的基石之上。我们生活在社会这个群体中,要想与人自如交流,会话是基本方式,也只有通过会话才能更好地表达自己的意思,使自己更顺利、更快、更好地融入这个大集体中。英语会话能力的培养即是英语口语能力的锻炼,口语能力是语言学习的重要组成部分,恰当地运用英语表达是传递信息和交流信息的重要途径。帮助学生根据话题进行情景会话,用英语表演短剧,在口语活动中语音、语调自然、语气恰当是会话能力锻炼的重点,也是语言实践活动的关键。

会话是语言实践的基本方式,英语口语和会话能力的锻炼要听说结合,不是单一地训练。输入是输出的基础,没有很好的输入,就没有必要的词汇和语感,听就是良好的语言输入。学生只有在听与说交互的环境中,才能得到充分锻炼和提高。在课堂会话活动中,教师是积极的参与者,更是活动的组织者和管理者,教师的组织和引导能激发学生的学习兴趣,鼓励他们树立信心,增加会话活动的互动意识,提升会话活动的质量。在会话过程中要抓语言的内化,即帮助学生将所学的知识做出本能的反应,用丰富的词汇、句型和正确的语言结构进行表达,提高对语言运用的整合能力。在学生会话活动中,要重视过程性评价,促进学生在会话学习过程中的自我鉴定,帮助学生及时调整和提高,充分调动学生的主观能动性,发挥学生的主体作用,教师在平时教学实践中要贯穿教学新理念,调动学生的学习积极性,鼓励学生多讲、多练,并通过多种途径加强积累,丰富学生的学习和生活阅历,通过跨文化比较学习来提高语言的实用性,提高学生的口语会话能力和实践价值。

6. 意义建构:语言学习的真谛

(1)意义建构"练就"听说

英语听力教学中经常出现对话和短文中没有的生词,学生却难以理解的情况。教师通常的应对策略就是语法分析、释义,这些方法有时能够奏效,但许多情况下却难解学生之惑。问题的原因在于在传统的英语教学模式中,教师在很大程度上依赖教科书，忽视目标语国家文化背景知识的传授，所以学生无法正确理解所听的信息。我们应该扩大学生的知识面，指导学生多听英语广播、录音并多做模仿，使学生领会这些就是现实的自然交流，使语境内在化。这样学生才有可能成为意义的主动建构者，用探索法、发现法去建构知识的意义，主动去搜集并分析有关的信息和资料。教师要成为学生建构意义的帮助者，要激发学生的学习兴趣，帮助学生形成学习动机，通过创设符合教学内容要求的情境和提示新旧知识之间联系的线索，帮助学生建构当前所学知识的意义，并在可能的条件下组织协作学习、开展讨论与交流，并对协作学习过程进行引导，使之朝有利于意义建构的方向发展。

(2) 意义建构"实现"阅读

建构主义学习理论认为学习是学习者通过"同化"和"顺应"两种方式来建构知识结构的过程。"同化"是学习者把外在信息纳入已有的认知结构，丰富和完善原有的认知结构(也称"图式")的过程；"顺应"则是指在学习者原有的认知结构与外在信息发生冲突时，学习者主动调整和重组原有认知结构的过程。阅读是人们获取知识的主要途径，也是英语学习的主要任务之一。阅读理解能力的高低直接影响和制约着一个人的听、说、读、写等能力的发展。在阅读时，读者不是单纯被动地接收信息，而是将从文本中得到的语义和句法信息，结合有关话题的个人经验和知识，形成关于他们对于正在阅读的或将要阅读的材料的假设或期待。在继续阅读时，他们又努力证实或否定那些假设或期待。因而阅读的过程也是建构意义变化的过程，而阅读的本质也正是建构意义。

在英语阅读教学中，教师应帮助学生总结各种阅读策略和技巧，在实际阅读中针对不同体裁的文章有计划、有目的地训练学生运用阅读技巧把握段落主旨，建构文章主题，训练学生总结、概括和综合理解的能力。

根据图式理论，人脑中所储存的知识都是由一个个单元组成的，这种单元就是图式。图式实际上是一种结构或框架，它把课文的主要信息按线索重新组合，使文章结构化，使读者更清晰地了解语篇结构，从而帮助学生理解和记忆。对文章进行结构分析可以清晰地展示文章的布局，帮助读者理清思路，了解作者的真实意图和文章的逻辑结构，理解文章的主题思想和深层含义。在传统英语课堂中，教师注重文章中零碎的词汇、句型和语言点的讲解,把课文分离开来,这样的教学不利于学生从整体上理解课文内容,把握文章结构,难以取得有效的教学效果。而利用图示可以帮助学生将知识元素按其内在关联性建构成一种可视语义网络,加深其对文章内容的理解程度。

语篇的意义不在于其本身,而在于受话人对语篇的理解。理解不仅指对词汇句式的理解,更是指对篇章的整体理解。无论是教师还是学生,每个人的理解是有差异的,理解的角度和程度都有不同,应该要承认和允许这种差异的存在。

(3) 意义建构"赋予"写作

英语写作这门实践性很强的课程,可以有效地在建构主义学习环境中促进学生的认知发展。建构主义认为,教育要丰富个人的经验,其意义必须对个人的生活是重要的。从写作教学活动看,教师本人与其所教是难以分开的,教师与学生、学生与学生之间需要共同针对某些问题进行探索,并在探索的过程中相互交流和质疑,了解彼此的想法。由于经验背景差异的不可避免,学习者对问题的看法和理解经常是千差万别的。其实,在学生的共同体中,这些差异本身就是一种宝贵的现象资源。建构主义虽然非常重视个体的自我发展,但是也重视教师的影响作用。

写作并非一定要安排专门的写作时间或写作课,在平常的教学中就应该有对学生潜移默化的引导,让学生在不知不觉中受到影响,不会觉得写作是件很难的事。在平常的授课和练习中渗透写作的教育,在学生写作的时候就不会觉得无内容可写,或觉得句子混乱、语法不清。

经常利用教材提供的写作训练内容,结合教学实际让学生动笔写作,养成良好的写作习惯后,就能顺利地掌握写作技能,在今后的考试或实际生活中能理解并灵活运用,不再觉得写作是件苦差事。在建构主义情境中,写作过程是一种积极主动的完成意义建构的过程,是用语言探索知识、了解世界、互相交流的过程。通过展示与某一写作主题有关的丰富知识的情境,使学生产生兴趣,从而激发学生求知探索的内在动机,从而自觉主动地完成写作任务。学生的角色是教学活动的积极参与者和积极建构者,而教师是意义建构的帮助者和促进者,教师利用情境、协作、会话等学习环境要素充分发挥学生的主动性、积极性,使学生有效地实现对当前所学知识的意义建构的目的。英语写作是一种发现意义并创造意义的循环式过程,此过程一般包括准备、初稿、反馈、修改、定稿五个阶段。

综上所述,建构主义学习理论在中学英语课堂教学中起着举足轻重的作用。如果能恰当把握、合理运用,将会极大地提高英语课堂教学效果,帮助学生取得更好的英语学习成绩。建构主义学习理论是教育教学中的热门理论,对教师建立教学新模式、新方法具有很好的指导作用。它强调学习过程中学习者的主体性和建构性,提倡在教师指导下以学生为中心的学习方法。我们积极利用现代教育技术的教学优势,使教育理论、教育技术、教学实践等有机结合,对深化教学改革具有深远意义,在建构主义学习理论环境下学习对培育优秀的具有综合能力的国际型人才有积极作用。

第二节 跨文化传播中的文化障碍

在跨文化交际中,语言文化是构成交际能力的一个重要方面,是包括社会方面的、心理方面的跨文化交际障碍的主因素。跨文化交际是指操本民族语言的人与非本民族的人之间的交流,也可以指在语言和文化背景方面有着差异的人们之间的交流。众所周知,生活在同一种文化背景的人们在交际时,障碍很少,容易沟通。这些共同点为他们的交际提供了基础和指导原则。不同民族的语言反映并记录了不同民族文化的发展。特定的文化背景、相异的文化风貌、不同民族的风俗习惯等,对不同民族的语言发展起着根本的制约作用。

一、跨文化传播中的文化障碍

(一)跨文化传播中文化障碍的内涵

跨文化传播中文化可分为表层文化和深层文化两个层次。前者指的是一个社会群体在人际交往中的约定俗成的习惯性定势构成的生活方式和交往方式,如风俗习惯、道德风尚、语言风格、礼仪礼貌、言谈举止的行为规范等。后者指的是精神实质层面,如价值观念、思维方式、情感方式等。深层文化制约着人们的行为方式,并通过表层文化表现出来,因而,每个民族几乎都有自己独特的内容和方式。

(二)跨文化传播中文化障碍的表现

1. 表层文化障碍的主要表现

(1)对具有文化内涵的词语的不同理解

词汇的文化内涵具有很强的民族性,每一种语言的词汇随时间的变迁、社会的发展其意义或扩大或缩小,同时有些词由于经常使用逐渐积累了一些联想的意义,都可以称为词汇的文化内涵。在不同的语言中,词的文化内涵呈现出不同的情况。在英汉两种语言中实际上只有部分词汇完全对应,而另一部分词汇虽然有局部对应的解释,但在词义或文化内涵上是不完全相同的。

(2)对习语的理解和运用

习语堪称语言的精华,是语言的民族形式和各种修辞手段的集中表现,在体现语言的文化特征方面,比其他语言成分更具典型性。因此可以说,习语犹如一面镜子,清楚地折射出语言的文化特色。英语习语除了固定的短语或表达法外,还包括成语、谚语、格言和一些俚语。分属两种语言的习语在交际时,可分为三种关系类型:对应、半对应和不对应。

(3)社会规约

学习者在交际过程中仅仅掌握语音、语法和词汇并不能保证有效的交际。不同的文化具有不同的特质和风格,体现在交际中就是人们交际的言语、行为所遵循的各种不成文的社会规约,这些规约实际上就是文化规约,可分为民俗、道德规范和法律。

一般说来,人们非常了解母语文化中的社会规约;然而对不同文化的社会规约有可能不甚了解或一无所知。因此,当使用不同规约的人们相互交往时,交际障碍的产生是很自然的。规约的文化差异会表现在日常交际的各个方面,包括言语和非言语交际。如果学习者在这方面没有经过点点滴滴的积累,在实际交际中失败是在所难免的。只有充分了解了不同文化的社会规约,学习者才能正确地预测来自不同文化的人们的行为,从而达到有效的跨文化交际。

跨文化交际障碍不管是历史方面的、社会方面的,还是心理方面的,主要是由文化干扰导致的。学者吴国华认为,所谓文化干扰可以指在语言和文化背景方面有着差异的人们是不知不觉地将本民族的习惯或文化模式套用到所学语言上去的交流,从而产生理解上的偏误,甚或导致交际的失败。在跨文化传播中,一个有效的传播至少包含三个关键要素:传播主体、接收者和经过编码的信息。在不同语言、不同文化背景的传播主体和接收者之间,有一个信息编码的转换过程,在转换过程中,常常会出现意义的丢失或曲解。其中一个原因是信息编码会随着时代的变化而变化;另一个原因是传播主体和接收者都是根据自己的文化背景来出发和理解编码的。这就导致我们在进行跨文化交流时,常常说一些不得体的话或做出一些不得体的动作,而我们自己却意识不到。

跨文化交往中的障碍最主要表现为文化休克。学者胡文仲认为,文化休克是人们对于另一种不熟悉的文化环境的心理反应。一个人从一地迁移到另一地,原来自己熟悉的一套符号、习俗、行为模式、社会关系、价值观念等,被另一套新的自己不熟悉的符号、习俗、行为模式、社会关系、价值观念代替,因而在心理上产生焦虑,在情绪上不安定甚至沮丧,在严重的情况下,会产生各种心理和生理方面的疾病。

(4)非言语交际

人际间的交流主要是通过两种形式进行的,一种是语言行为。一种是非语言行为。非语言行为包括姿势、动作、表情、眼神、身体接触、空间距离与位置等。对于非语言行为在交际中的重要作用,国外一些研究的结果表明,非语言行为可占整个交际过程的70%以上。可见非言语交际是人们交流思想感情的重要手段。但是由于文化差异,不同文化环境中的非语言行为也有许多不同之处。同一个动作或行为会被不同文化背景的人理解为不同的信息:一种礼貌的行为会被视为失礼;一种得体的行为会被理解为恶意。产生这类障碍的原因在于,一方是下意识地做出在其文化中被认为是礼貌的动作,而另一方却是以自己文化中的非语言行为的标准来理解这一动作。在跨文化交际中,由非语言行为引起的交际障碍屡见不鲜,尤其是在政治、商务谈判中,这种障碍会给双方带来不可估量的损失。

在学习别国语言的同时也要学习该国的文化。我国学生的必修课之一是外语,而其中又以英语最为普及。但在我国的英语教学中,对于跨文化交流中存在的差异明显重视不足,这跟我们的教学、教材也有很大关系:我们在教材编写的过程中只注重语言形式而忽略了其社会意义,忽视了语言在实际场合中的运用,而我们在教学中也只教学生听、说、读、写,极少指导学生怎样运用语言。因此一些动作、行为、思想观念方面的差异,都在要注意的范围之内。我们之所以要进行跨文化方面的学习,也就是为了减少这种不得体的情况出现。

2. 深层文化障碍的主要表现

(1)不同的思维模式

因为看待外部世界的方式不同,不同文化的人们在思维模式上也必然存在着差异:东方文化重整体、重主体、重领悟,而西方民族则重逻辑、重理性、重分析。不同的思维模式决定了不同的词汇结构。不同的思维模式可反映在不同语言的句法上。同样比较英汉两种语言,汉语是一种意合语言,词语或分句之间不用语言形式手段连接,而是通过隐含的意义来表达句子的语法意义和逻辑关系。而英语是形义融合,意在则形达,句子之间和分句之间借助某些语言形式手段连接起来,表达一定的语法意义和逻辑关系。

因此,加深英语学习者对东西方思维模式的认识,不仅有利于提高跨文化交际水平,而且有助于提高阅读、写作、听力等各方面的能力。

(2)不同的价值观念

在中国文化的价值观中,由于受到千百年来的儒家思想的教育和熏陶,人们推崇谦虚知礼、温良恭俭,而争强好胜、自我表现会受到冷遇。而西方文化价值观的核心是个人主义,人们崇尚独立思考和判断,依靠自己的能力去实现个人利益。这一点也反映在日常语言的习惯上和写作方式上。在表达个人观点时,中国人因为重视人际关系的和谐,往往采取委婉含蓄的方式,唯恐直截了当会伤害对方的面子。西方人觉得中国人这是在"绕圈子",他们认为先把个人的观点鲜明地摆出来才具有说服力。

(3)定势与偏见

定势是指一个群体对另一群体所持有的过于一般化、简单化的信念或态度。定势在形成前只是对某一文化的描述,类似的描述不断被复制就形成定势。有时因为受大众传媒的影响,我们会对没有接触过的另一种文化产生先入为主的印象。定势对跨文化交际有直接影响,因为人们在交往时对对方行为的预测肯定是以对其文化的固定看法为基础的,定势的准确程度与我们对有关人的行为的预测密切相关。但是文化的不断发展以及文化内部亚文化的多样性,使任何有关 A 文化如何、B 文化如何的描述都难以准确全面。我们一旦在定势中加入较强的感情成分,定势就容易发展成偏见,偏见表现在行为上就容易导致歧视,造成跨文化交际障碍。在文化意识没有被充分唤醒的情况下,对文化特征的过分强调可能会使学习者误认为这些特征就是事实,从而形成偏见,忽略具体的交际情景和个体。

二、文化障碍产生的原因

语言学家波特(R. E. Porter)和萨莫瓦尔(L. A. Samovar)把影响交际的因素归纳为三个方面:观察事物的过程,其中包括信念、价值观、态度、世界观及社会组织;语言过程,其中包括语言与思维模式;非语言过程,其中包括非语言行为、时间观念和空间的使用。

(一)思维方式与文化障碍

思维是以概念、判断、推理等方式反映客观世界的过程。人们之所以能够反映事物的本质,解决存在的矛盾和问题,就是由于思维能够对进入大脑的各种信息进行深入加工。而人们进行思维活动所使用的工具主要是语言。可以说语言既是思维的主要载体,也是思维的主要表现方式。思维方式因人而异,而来自不同文化背景的人们之间差异就更大。在前面提到,因为看待外部世界的方式不同,不同文化的人们在思维模式上也必然存在着差异。这里就包含了两种文化的思维方式的差别:中国人偏好综合思维,重整体、重主体、重悟性,即思想上倾向于把对象的各个部分联合起来形成一个整体;而美国人偏好分析思维,重逻辑、重理性、重分析,即将一个完整的对象分解为各个组成成分,或者是将它的各种属性、方面等区别开来。这种思维方式的不同构成了跨文化交流的主要障碍之一。

中西方文化差异使跨文化交际产生障碍。近代,西方实验科学迅速发展,与此相适应的思维方式便具有很强的实证性。特别是工业革命以来,由于受到大工业生产方式所特有的组织性、科学性、民主性的陶冶,公平理论、自我实现理论、竞争精神是西方人思维方式的典型特点。这种工业文明性格造就了西方人有较强的斗争精神和维护自身利益的法律意识,以独立、自由、平等为处世原则。从哲学和文化体系角度看,中国人受影响最深的是儒家哲学,而西方人是基督教文化。儒家哲学体系里强调的是修身、齐家、治国、平天下,把修身放在第一位,也就是讲究道德文化。这种道德文化里恰恰强调的是一种义。"君子之交淡如水"强调的也是义。我们的哲学思想强调综合,西方的哲学思想强调的是分析,这就形成了侧重整体思维和个体思维的差异。

人们的思维方式决定着对周围信息的编码结构,所以不同的文化有不同的语言编码方式,即不同的语言文化的遣词造句、段落安排、篇章结构都是有区别的。在跨文化交流的过程中,人们容易受到先入为主意识的影响,倾向于认为对方也用与自己相同的方式进行思维,用自己的文化标准去理解和衡量对方的文化行为。比较英汉两种语言:汉语词汇的结构反映了中华民族的直觉体悟、具象思维和整体辩证的特点;而两种文化的拼音文字,以音写义,恰恰反映出西方人的抽象的思维方式。不同的思维模式可反映在不同语言的句法上。同样比较英汉两种语言,汉语是一种意合语言,词语或分句之间不用语言形式手段连接,而是通过隐含的意义来表达句子的语法意义和逻辑关系。而英语句子之间和分句之间借助某些语言形式手段(如分词、介词、连词、关系代词和关系副词等)连接起来,表达一定的语法意义和逻辑关系。这类例子在翻译作品中随处可见。不同的思维方式也决定了不同的语篇结构。

中国人传统上是面向过去,展望未来,在表达上把已经发生的事放在前面,将来的事放在后面。东方人和西方人的思维方式还有很大的不一样,具体可总结为下列不同:

(1) 西方人强调敢于发言,即使是面对上司或权威。他们把沉默理解为或多或少的尴尬、羞怯或不满。东方人在上司或权威面前常保持沉默或服从的态度,以示恭敬,他们认为言多必失。

(2) 西方人常会帮助对方把一句没说完的话补充完整,以说明自己在认真听,而东方人认为在对方说话的时候插嘴是不礼貌的行为,他们宁愿妥协,也要等到对方说完。

(3) 英语思维中是偏重规律、重客观事实的。西方人说话常直来直去,他们把拐弯抹角看作是思路不清或缺乏诚意。因此,他们写文章也是先提出结论,再来逐步论证,采用的是演绎法(deductive method)。知道这一点,对于我们理解西方人写的文章也大有好处。我们常常在文章或段落的开头就可以看到关键的句子从而理解整个篇章或段落的意思。而汉语思维中则常常体现伦理及人文关怀,东方人说话喜欢迂回曲折、大兜圈子,语言里充满了禅机和暗示,而直来直去是对对方情感缺乏考虑的表示。

中国先哲以儒家思想为代表,对中国社会影响甚大,关注世界、认知世界并非出于对自然奥秘的好奇,而是源于对现实社会政治和伦理道德的青睐。

(二) 价值观与文化障碍

什么是价值观呢? Clyde Kluckholin 认为:"价值观是个人或群体所特有的一种显性或隐性的认为什么是可取的观念,这一观念影响人们从现有的种种行动模式、方式和目的中做出选择。"从这个定义可以看出价值观是决定人们所持看法和所采取的行动的根本出发点。它与文化一样是一种抽象和概括,我们可以通过观察人们的言行举止而知道他们的价值观。每一种文化都会有其特有的价值系统,价值观是文化中最深层的部分,告知人们什么是真、善、美,什么是假、恶、丑;告诉人们应该爱什么,恨什么,等等。价值观看不见、摸不着,但它却无处不在。人们的言语交际、非言语交际或交际中的规约无不受到价值观的支配。因此可以说价值观是跨文化交际的核心。不理解价值观方面的差异就不能真正理解跨文化交际。它是人们在社会化的过程中逐步获得的。价值观一旦形成,就会对人们的信念、态度、看法和行动起到支配作用。价值观具有相对的稳定性,一个人学习异国的语言、习俗和社交规则,经过一段时间的努力,总是可以达到目的,但要真正了解另一文化的价值观却很困难。但价值观也并非不可改变,在社会发生巨大变化的同时,价值观也随之发生变化。我们常说的代沟,其实也就是价值观的改变而导致的观念的差异。

中国传统哲学观是天人合一,指的是人对大自然的顺从和崇拜,并与大自然和谐统一。中国自古就有"以类合之,天人合一也",而西方哲学观自古就倾向于把人与大自然对立起来,即"天人相分",强调人与大自然抗争的力量。所以西方重个人主义、个性发展与自我表现。他们认为个人有时达不到自己的目的,那不是天命,而是自己懒惰,缺乏斗争的精神。而东方人做事情常常克己守道,先人后己,同时做事情不愿得罪人,觉得人言可畏,为了面子,为了人际关系的和谐,有时甚至说假话,言行不一、表里不一。西方人从古至今倾向于把宇宙分成两个截然不同的世界,"天人相分",二者对立。西方人对原罪的自我意识使他们为赎罪而不屈不挠地征服自然,改造自我,从而得到神力,达到"神人合一"。西方人的"天人相分"必然导致个人主义取向。所以西方人尤其是美国人极端崇拜个人主义、个性展现和自我发展。

东西方的价值观念差别比较大。以语言交流为例。中国人比较喜欢以委婉含蓄的方式表达自己的意思,不喜欢正面冲突。这是因为中国人比较重视人际关系的和谐。因此,在说话尤其是批评和报告坏消息时,总是尽量地委婉,唯恐直截了当会伤害对方的面子和感情。在相互交往的过程中,中国人十分注意谦逊,在言谈举止中处处留心,唯恐张扬,尤其在面对对方表扬时,就更加遏制自己。而西方人不同,尽管他们也重视人际关系,但是不能因为人际关系而使要办的事达不到目的,因此他们直奔主题的时候偏多。

价值观对跨文化交流的影响最为重大。两种价值观的分歧越大,跨文化的适应性就越差,也就是说价值观的差别与文化反应能力成反比。价值取向的不同,导致说话、行为以及对语言、行为理解等的不同。

(三)人际关系与文化障碍

中西方在人际关系方面的主要差异:中国社会的人际关系偏向于感情型,可以说中国社会是人情社会;而西方社会的人际关系则偏向于工具型,西方社会更确切地说是法制社会。在西方社会的人际关系中,人人平等,父母和子女都是平等的,可以直呼其名,可以相互竞争。在人际交往中他们很少顾及人情、面子,他们常常是公事公办,不讲情面。他们的交往原则是:利己、对抗、竞争、平等、独立、求异、求新、自由、自助、直截爽快、注重隐私等。在资源或物质分配方面他们也不会"人情留一线,日后好相见",他们的关系习惯是以公平交易为准则。他们按法则办事,即使是亲朋好友也要人和事两清,公私分明。

(四)社会习俗与文化障碍

学语言即是学文化,教语言即是教文化。"当你讲授一门语言的时候,你就在传递一种复杂的文化习俗、价值观、思维方式、情感、行为系统。"学习语言绝不可忽视对文化知识的了解和学习。在学习语言的同时,应增强文化差异意识。既要正确理解异国文化,又要理解本族文化。文化差异是导致文化交流障碍的根源,因为它干扰了语言使用并造成负迁移。"文化迁移是文化差异引起的文化干扰,它表现为在跨文化交际中,人们下意识地用自己的文化准则和价值观来指导自己的言行和思想。"因此,正确理解本族文化和强化对异国文化的学习是增强跨文化差异意识,提高文化差异理解能力的保证。

中西方社会习俗的差异表现在以下几个方面:称呼、问候、介绍、感谢和答谢、赞美、隐私、节日等方面。在汉语中先姓后名,而在英美国家则完全不同,他们是名前姓后,而且在中间还喜欢加上一个中间名。称呼别人时一般在姓的前面加上称呼语,如 Mrs.×× 等。在英语中我们会发现西方国家里对亲属的称谓很少,如 Aunt, Uncle, Cousin 等。而在汉语中则不同,汉语把亲属间的关系分得极细,既能分别性别、长幼,又能分出与称呼者的关系。

当你带领客人到家做客时,英国人仅会领你到客厅或告诉你卫生间的方向,而不会带客人像中国人那样到处参观,西方有一句读语"英国人的家就是他们的城堡",而在这一方面中国人则表现出自己的大度和推心置腹。不同文化背景下人们的思维方式也有所不同。英美国家的社交习俗中坦荡直率的风格与中国人特有的谦虚谨慎很是不同。当别人问你是否要吃点或喝点什么时,我们总要客气一番,有时会叫人搞不清是真的还是国家的习惯,弄得尴尬不堪。按西方国家的习惯,你若真的需要,便不必推辞,说声"Yes,please."或"不要"——"No,thanks.",不必推来推去。当你受到别人的称赞和夸奖时,说声"Thank you."。在西方国家,人们认为那是非常得体的用语,无须谦虚。

节日文化的发展具有历史的连续性。自古以来,和为贵、大一统、政通人和、天人合一构成了我国群体的价值观念,表现在节日的文化内涵以尊贵、团圆、和谐、优雅为文化主调和情感主调。西方早于我国进入现代文明,其许多传统节日的文化寓意以浪漫、欢快为基调,如圣诞节。在跨文化交流中,思维方式的不同、价值观的差异、人际关系的不同、处理方式以及社会习俗差异都是交际中产生文化障碍的重要原因,而这些原因都是我们在英语教学中不可忽视的。只有不断增强文化差异意识,加深对不同文化的了解,才能突破交际障碍,实现顺利交际的最终目的。

第三节 跨文化传播中的网络英语教学

随着多媒体计算机和网络的迅速发展和普及,英语阅读和写作方式、英语翻译和交流方式、英语学习和教学方式正在经历着一场历史性的变革。这场变革将使教育模式从印刷时代走向信息时代,创造一系列全新的教学形式,将语言教学与文化教学有机地结合起来,用现代传播手段来指导英语教学,充分利用网络,用现代化教学手段培养学生从跨文化交流的角度使用语言的能力。英语教学将从传统意义上的单纯传授语言知识扩展到跨文化传播,其教学目的转化为培养学生的跨文化交际能力,实现跨文化交流,满足跨文化传播的需要。除了传统的口头和书本英语,网络环境下的英语出现了新的特征,那就是实效性和异化性。现在越来越普及的网络为了解和学习西方文化社会提供了非常便利的窗口。国际互联网是人类至今最大的信息库,储有最丰富的各类资料。英语教师可以利用互联网与世界同行交流、了解国际英语教学发展动向,共享新的教学资料和科研成果,同时引导学生通过互联网参与国际交流,查询各种学习资料和信息,更好地促进语言学习。处在信息最前沿的网络英语,更新的速度非常快,新的表达方式、新的词汇以及旧词汇的新意义一旦出现,就会在网络上迅速流传。我们的英语教学长期以来采用的是印刷教材,更新的速度远远跟不上时代的变迁。因此,网络环境下的英语跨文化传播教学也是英语教学的一个重要方面。

一、网络英语的跨文化传播

在教授学生的过程中,即使是专门开设的文化教学也不可能涉及各个方面,英语课堂的文化传播主要给学生起示范引路作用。文化的内容包罗万象,单靠教师在课堂上介绍不可能全面包括。文化的学习不应只限于课内,课堂外的文化教学是一个很好的延续和补充,它能为学习者提供一个从量变到质变的过程。网络英语具有极强的实效性。网络对于文化的反应非常快,新事物和新情况一旦出现,传播最快最广的必然是网络。

由于网络的开放性,各种风俗时尚和社会热点总会以最快的速度在网络中得到体现。开放性保证了网络各种文化的新陈代谢,给了网络无限的生机和活力。网络上的英语异化情况更为突出。如果我们不了解现代文化,不了解网络英语出现的背景,我们就不能理解这种英语所要传播的信息。在网络中,大量的口语化英语登上了英文网页,口语不断侵入书面语,学过英语的人都知道,英语有正式、非正式、书面语、口语、方言、俚语之分,然而当今它们之间相互渗透的现象越来越普遍。

二、网络环境下的英语教学

计算机网络技术的发展给人类的传播方式带来了一场革命。计算机网络(Internet),从最先为美国政府拥有的、为冷战而发展起来的小计算机网络,已经迅速发展成了一个世界性的信息资源网络。无论哪种教材的更新速度都赶不上网络的与时俱进,无论哪种异化英语的传播方式都比不上网络流传的范围广泛,无论哪种文化跨越都没有网络文化的多样性和复杂性。1998年2月,全世界的因特网用户就已达到了1.13亿人,被视为继报纸、广播、电视之后的"第四媒体"。网络对人类传播活动的各个方面都产生着巨大的影响,尤其是作为传播的新媒介,它使跨文化传播进入了一个全新的时代。因此我们在进行英语跨文化传播教学时,应充分利用网络,挑选有用的英文网页和网上声音、图像当作教材,用多媒体进行现代化教学。

(一)网络环境下英语教学的优点

(1)它可以优化英语课堂教学结构,利于调动学生多种感官、情感参与教学过程,提高学生注意力,使英语教学更生动活泼,教学效果更佳。网络环境下的英语教学使知识的传播和更新能一起发生。在网络环境下,我们的英语教师不再需要吃力地翻看字典编写教案,"金山词霸"能非常轻松地查找英文单词,自动给出发音;中英文对照的例句及同义词和反义词,国际互联网上众多的英语教学网站和丰富的英语教学资料;在进行文化教学时,网络上更是资源众多,几乎所有的文化现象都可以在网上找到,只要使用网络搜索工具就可以很轻松地把资料找出来。网络环境下的英语教学使知识的传播和更新能一起发生。

(2)网络的互动性是英语教学的最大便利。网络聊天工具能把世界各地的人们的空间距离拉近,从而使学生能在电脑上和老外面对面练习英语对话,感受地道的英语氛围,解决学生多而外教少的矛盾;教师也可以通过网络和每一个学生进行交流,可以帮助学生挑选适合他自己的英语学习资料和方式,以适应每个学生的学习进度和学习特点。

(3)网络英语教育素材丰富,其中不乏很多对学生来说生动有趣的资料。学生可以挑选他们感兴趣的东西,变被动学习为主动学习,不断增长文化知识。网络可以把世界联系在一起,拉近人与人、文化与文化之间的距离,允许英语学习者漫游网上英语世界,甚至通过网络参与英语国家的活动,从而感受真实的语言环境,获得真实的文化素材,并练习在真实的语言环境下应用语言的能力。这是其他任何课堂都无法比拟的优势。

(二)网络环境下英语教学的缺点

网络环境下的英语教学有它的优点,也不可避免地有它的缺点。

1. 弱化主流文化的影响

任何信息(包括暴力、黄色信息)都可以在其中得到广泛传播,一些不良思潮很容易扎根。

2. 网络交流的热衷化和现实交流的冷漠化

对网络内容的选择因为具有很大的主动性,会使学生更愿意在网上进行交流,而不愿意进行在现实生活中不能完全由自己把握和控制的人际交往。这种行为的最大的弊端是可能弱化口语能力,并导致英语语法也发生混乱化。我们在多年的英语教学中一直注重语法教学,但是网络英语为了迎合网络交流快捷、便利的特点,常会出现一些不规则的英语,这会使学生对英语语法系统产生怀疑。

(三)网络环境下英语教学需注意的问题

要解决网络环境下英语教学的缺点问题绝不是某一节课就可以做到的,但我们可以注意以下几点:

(1)在利用网络资料做教学方案时,教师应注意把握选择教学材料,尽量使教学内容利于学生文化素养的提高。网络只能作为辅助教学手段引入课堂。文化传播中还是要以人为本,鼓励学生进行人与人之间的交流,促进人际关系的融洽,同时也提高自身的口语水平。

(2)在作文和说话时,除了吸收网络英语新词汇和新表达方式,还要尽量使用规范英语。

第四节 高校英语教学跨文化传播的问题

提高学生的文化素质是关键,也是外语教育的关键。英语作为一门国际语言,能了解世界上各个国家和民族的文化历史、社会习俗、政治经济、风土人情等多方面的知识,加深对世界的了解,帮助学生借鉴和吸收外国优秀文化精华,也可以提高学生的文化素质。英语跨文化传播教学就是实现文化素质教育的一条重要途径,这其中有几个关系需要注意正确处理。

一、正确处理教与学的关系

外语教学是一门实践性很强的课程,应在教授语言知识和培养语言运用能力的同时,着重培养学生自我学习和自我提高的能力。如果学生只是被动接受,没有时间练习和思考,这样的教学只会扼杀学生学习的积极性。外语学习的首要任务是学而不是教,外语的语言知识是需要通过学生的实践才能获得的。也就是说,教师在课堂上不能搞一言堂,而是要提供机会给学生练习、讨论和提问。需要注意的是强调学生在课堂中的积极主动性,并不是要抹杀教师的作用,相反,这样更加大了教师的工作难度,更强调了教师的指导作用。在这样的课堂上,教师是课堂活动的设计者和管理者,是学生问题的分析者和解答者。教师还应根据学生的个性特点,适时调整教学方式,培养学生正确的学习方法。

二、正确理解教材与教学的关系

教材的编写要以学生的发展为依据,注重培养学生的创新精神和独立思维能力,使学生获得适应学习化社会所需要的英语基础知识和基本技能,并在学习的基础上了解文化差异,发展健全的人格,培养合作精神和社会公德意识。教材内容要贴近学生生活,以日常生活为主要内容,逐渐适当增加社会、科技和自然等方面内容的比重,同时适当安排一些文学性的篇章。而且,按学生身心发展规律与兴趣特点设计大量丰富的语言和语用活动,以利于学生在学中用、在用中学、学以致用,不能为了语法教学的需要而编写在目标语国家的日常生活中根本就不可能出现的对话。即使迫不得已要写,也应当注明对话使用的语境。总之,教材应既体现素质教育的要求,又遵循语言教学的理论。当然,任何教材只能给教师提供静态的语言素材,教师才是教材的活化者。只有通过教师组织学生围绕教材进行活动,才能赋予教材以生命力。教师绝不能被教材束缚住手脚,而是应该通过教材进行实践教学。

通过教材提供的语言素材,开拓学生的视野、扩大知识面、加深对外部世界的了解。在使用课程指定的教材时,亦应鼓励学生根据个人实际情况自学其他参考材料。

三、正确处理语言知识和语言技能之间的关系

前面已经论述过,语言知识是指该门语言的语音、语法和词汇知识。语言技能是听、说、读、写、译的能力。语言知识是语言技能的基础,没有扎实的语言知识就不可能获得较强的语言技能。而语言技能的提高也会促进对语言知识的加深理解和巩固。在进行听、说、读、写、译的技能训练时,应用语言知识的准确性和应用语言技能的流利性往往会产生一些冲突,只要处理得当就可以消除冲突。但准确和流利不是对立的,它们像一个硬币的两面,互相依赖。准确是流利的基础,没有准确,流利无从存在;若没有流利,就谈不上能进行有效的口头、笔头交际。阅读是信息时代使用最频繁的语言活动,而获得有效的阅读能力与其他语言能力的培养也是分不开的。

四、全面培养学生主动学习、自我完善的意识

教师在培养学生全面、系统地掌握语言知识的同时,还应强调学生培养自己归纳知识的能力。当学生抱怨单词记不住时,教师应该告知学生使用什么样的词典,怎样在学习的过程中通过上下文来记忆和巩固已学单词等。教师还可通过使用教材引导学生区分母语和外语的异同,区分语言中所隐含的不同文化和价值观念。培养学生主动学习、自我完善的意识。学生在学习一门外语的时候,更重要的是在学会如何学习。这样,学习外语的过程亦可成为一个人提高综合素质、获取宝贵人生经验的过程。

第六章　大学生跨文化交际能力的培养

第一节　跨文化人的身份与能力培养

一、跨文化人的身份建构

(一) 跨文化人与跨文化交际能力

1. 跨文化人

这里所用的跨文化人的含义，更接近 Kim 提出的"跨文化的人"，即能用客观性和主观性看待两种文化，能在两种文化间行动而没有明显的冲突，认为有超越将每一种文化认同加起来的事发生，这与增效作用的概念相似，当一个人将 1 加上 1 时，得到的可能是 3 或更多，多出的并不是特定的文化，而是独特的东西，可能是出现的新品质或新自我意识，是源于一种对价值的相对性和人性的普世方面的意识。

跨文化人在理解异文化之前，必须首先理解母语文化，包括对自己的文化模式优点和缺点的理解。文化自觉是生活在一定文化环境中的人，对其文化有"自知之明"，明白它的来历，形成过程，所具有的特色和它发展的趋向，不带任何"文化回归"的意思，不是要"复旧"，同时也不主张"全盘西化"或"全盘他化"。"自知之明"是为了加强对文化转型的自主能力，取得适应新环境、新时代文化选择的自主地位。文化自觉使我们在跨文化交际中能够认识母语文化和其他文化之间存在的文化上的相似和差异。

大学生通过学习和使用不同于母语的外语，可以获得看待世界的新窗口。新的语言有助于学生学习新的经验，重新认识已有的经验。外语教育是开启人类理解的最理想的钥匙,使学生拥有更宽广的视野,避免片面和偏激的观点,比其他任何科目都更能抵制民族中心主义,是培养世界公民的重要手段。从这种意义上讲,掌握另一种语言意味着增加个人潜能,有助于培养多元与独立的思维,拓宽视野和积极互动的"生产性人格"。

2. 跨文化交际能力

跨文化人具备跨文化交际能力。随着全球化的扩展,英语成为一门全球通用语,很多学者提出跨文化交际能力,它指来自不同文化背景的人相互交际时,在对同一语境中,交际行为和交际信号的文化差异识别和文化干扰的排除能力,解决的是同一语境中不同文化之间交际规则的碰撞和冲突问题。大学英语教学的目标已经从语言能力扩展到交际能力,又扩展到跨文化交际能力。跨文化交际能力已成为英语学习者成功交际的必备能力。

在对跨文化交际能力的界定中,包括了知识、技能和态度三个层面。有学者把"文化意识"看作跨文化交际能力的重要内容,也有学者甚至认为文化意识是核心部分,是其他维度的出发点。综合来说,跨文化交际能力包括知识、技能、态度和文化意识,它不仅仅指技能和知识,还包括情感和态度,不仅包括母语文化和目标语文化的知识、技能、态度,还包括对一般性文化现象、特点以及它们之间关系的理解。

跨文化交际能力的形成是一个动态的过程,而不是静态的结果,即跨文化交际能力没有终点,个体不可能百分之百完全获得跨文化交际能力,个体在跨文化交际中经历对话、冲突和沟通,通过认知、行为和情感的理解,不断面对新的挑战,解决新的问题,从中逐渐获得跨文化交际能力。国外研究中,跨文化交际能力强调的是对文化的深刻洞察和对不同文化的积极态度,既包括交际能力,又不局限于交际能力,是获得一种新的视野。国内学者认为,跨文化交际能力是语言能力、非语言能力、跨文化理解能力和跨文化适应能力等方面所构成的综合能力,是在基本的有效交际能力之外,加上情感和关系能力、情节能力和策略能力。我国学者用"道"与"器"来形容跨文化交际能力的外在表现和内在能力的关系,强调"道"的重要性。

英国学者迈克尔·拜拉姆(Byram)研究外语学习和文化交流如何影响学习者

对目标语文化和目标语国家、人民的态度表明虽然外语学习与形成对目标语文化的正面态度呈正比关系,但外语学习和直接的文化交流并不能自动导致文化理解。学习者只会增加一些文化信息,而不会产生态度的改变,相反还可能加深原来的认知程度,因为他们没有进入目标语文化去思考和理解目标语文化,而是以自己的文化观念为标准去衡量目标语文化。因此,获得新的视野是形成对不同文化正面态度的前提,也是培养跨文化交际能力的必要条件。这种新视野的确立使文化学习的目标由记忆特定文化的文化事实转变为培养跨文化交际能力和文化学习的能力。目前的研究都把培养跨文化交际能力看作文化教学的目标,强调培养"文化意识"和"对不同文化的正面态度",指出获得一种新的文化视野是文化教学目标的核心。也可以从三个方面来体现学生的跨文化交际能力,学生应该具备理论/思维能力、人际交往能力即交际能力以及跨文化交际的技巧。

(二) 跨文化的基础:文化身份

影响第二语言学习有两个重要因素,"社会距离"和"心理距离"。

其中,"心理距离"指的是,第二语言学习是由个体在学习第二语言的过程中如何感受决定的。影响第二语言学习的"部分和暂时放弃身份的分离"能力,就是强调学习者在学习一门新语言的同时,也在适应新的文化情境中的生活,即学习者在新文化背景下学习一门新语言过程中的身份建构。

大学英语的学习过程也是学生明晰自我的文化身份以及文化身份建构的过程。同时,文化身份的建构对大学英语的学习具有促进作用。走出"文化边缘人"的状态,克服大学英语学习中的文化障碍,有必要进行文化身份的建构。

文化身份的建构离不开他者。但是,在区分群内人和群外人,在对事件、人和事物进行分类时的偏见、定势和民族中心主义,使我们对"他者"产生误读。文化身份的建构也离不开主体,主体文化的贫乏会导致对主体文化认知的边缘化。因为文化、语言、交际和身份的紧密联系,大学英语教学十分有利于大学生文化身份的建构。由于大学英语教学中对深层文化的忽视、对文化的历史与关联的忽视,以及文化的定势与偏见、民族中心主义等文化的深层障碍的影响,造成大学生文化身份的困境,使得大学生的文化身份非但未能达成跨文化人,反而使学生在目标语文化和母语文化间无所适从,处在文化边缘人的状态。

1. 文化身份

身份是指在特定社会、地理、文化和政治背景中一个人的自我概念,是抽象的、复杂的、多层面的、流动的、无定形的。它是一个人或群体的由他们和/或他人所定义的他们是谁的意识。身份被视为一群人所特有的东西且相应地将群体结合在一起。它与我们是谁,我们属于哪儿,谁是群内人以及谁被排斥在外有关。身份是一个理解自我和外部世界的框架。人们通过分类进入社会群体并认同特定的角色。我们从家庭、工作以及加入的群体中获得身份,例如丈夫、妻子、教师、学生等。简单地说,身份就是如何理解"我们是谁"。身份影响人的行为。我们根据不同的背景,例如,"我们在哪儿,我们和谁在一起,我们想达成什么目的"来选择身份。人们可以依据性别、种族、阶级、宗教、国籍等来划分身份类别,并可以有多重身份:职业身份、性别身份、年龄身份、种族身份、阶级身份、国民身份、宗教身份等。

文化身份是在特定文化的成员学习和接受传统、语言、宗教、祖先、美学、思维模式的社会建构中形成的,即人们内化了文化的信仰、价值观、准则和社会实践。文化身份是对某个有着共同符号意义系统、遵守相同行为规范的文化群体的认同,并得到这个文化群体的接受。一般来说,文化身份是某一文化群体成员对其成员身份及文化归属的认同感,包括自我认同和外部认同。文化身份表明"我是谁",并通过群体成员的所言、所行、所思、所想表现出来。个人在成长过程中将所处环境的文化价值观纳入自己的世界观,通过父母的指导获得其文化群体的身份。影响文化身份建构的因素有外貌、种族特点、肤色、语言、教育、大众传媒、同龄人、制度政策和自我评价等。具有某一种文化身份的人也应该能自如地使用该群体所共有的符号意义系统,并遵守群体的行为规范。从宏观角度看,文化身份包括国民身份和种族身份。从微观角度看,它包括在主流文化群体下根据不同地域、职业、性别、年龄、收入和教育划分的不同的文化身份。按照这种定义,文化身份代表了共同的历史经验和共有的文化形态,它可以为一个民族提供稳定、连续的意义框架。

文化身份的发展经历了三个阶段:未察知的文化身份、文化身份追寻、文化身份的获得。在未察知的文化身份阶段,一个人视文化身份为想当然,没有探寻文化问题的兴趣。文化身份追寻阶段是为了更多地学习自己的文化和理解文化成员而探寻和质疑一个人的文化的过程。通过探寻文化,个体能学习其文化的优势,并接受其文化和自己。文化身份影响广泛并且与自我概念的不同侧面相联系,对很多人来说,生活在另一个文化中或者与来自不同文化的人互动会触发他们对自己文化身份的意识,而在此之前也许他们并未意识到自己的文化身份。

很多人以为一个人只能或者只应该归属一个文化群体,但很多人的身份并不只属于一种单一的、固定的类别,而是结合了其他身份。在这样一个不断多元化的世界,来自不同文化的人们共存,文化身份的多面性特点变得更为重要。我们可以是很多群体的成员,例如,说同一种语言、同一座城市的市民、某一政治组织的成员等。我们是谁,我们如何与他者不同并显现出来,这些都有赖于我们和谁在一起,文化身份对于我们和他者交谈的话题以及我们的阐释都很重要。文化身份影响跨文化交际,因为交际的困难程度在一定程度上取决于交际双方的文化身份,如果双方的符号意义系统和行为规范差异很大,交际难度就很大。反之,如果双方的符号意义系统和行为规范比较接近,则交际难度就很低。

2. 文化身份与跨文化交际

文化身份对跨文化交际的意义在于,来自不同种族和文化背景的人进行交际时,他们的文化差异以及历史、经济的差距容易导致定势、偏见、民族中心主义这些影响跨文化交际的严重问题。当来自不同文化的人进行交际时,一个人的文化身份会影响人与人之间的关系和对个体行为的期望。如果一个人按照一种方式理解自己,而对方则按照另一种方式去理解他,就会产生交际问题。因为大多数人都倾向于认为他者用与自己一样的方式观察、评估以及分析世界,也就是说,人们都假定与自己交际的他者同自己相似。实际上,人们常常用他们自己个人的经验去理解和评估他者,这容易导致民族中心主义。当和陌生人交际时,我们喜欢将他们的行为解释为他们的性格,然后将性格看作是其文化的典型特征,即我们喜欢按照我们的定势观念去阐释陌生人的行为。为了有效地和其他人交际,我们必须关注他们的独特个人特色,这需要我们将特定的个体从定势的分类中区分出来。我们在处理信息时简单地将一些特点归属于特定的人群,常常将一些特殊的事件、人、事物、甚至一次经历,假定为事件、人或事物的典型特征。这种假设常常是不正确的。将以前的经历当作决定事件属性的基础,这样处理导致过于简化,会形成定势观念。

(三)文化身份建构中的主体和他者

1. 文化身份的建构与主体

伴随着西方文化的扩张,欧美民族中心主义和文化殖民主义对大学生的文化身份形成极大的挑战。全球化加速了全球文化的同质化,"历史终结论"就是对文化趋同现象的一种夸大的表述。随着都市化、新移民、工作流动性、网络文化的繁荣,全球化导致了人类身份的复杂化,使身份变得模糊。跨国公司使资本运作跨越国界,对所在国家的文化也是一种冲击。中国改革开放之后,随着社会结构的多元化、个人选择的多样化和国家实力的增强,同时伴随着全球化的浪潮,互联网及现代交通、通信技术的发展,跨国公司的扩展,使中国和世界更为紧密相连,西方的价值观与生活方式大规模地进入中国人的生活,中国大学生不得不思考自己的文化身份。

在文化身份的研究中,主体是重要的范畴。任何时代、任何人、群体、民族、国家,都在建构着主体和主体身份,在追问我们是谁,我们与他者有何不同?但自近代开始,中国人就已经离自己的古老文明渐行渐远。1935年何炳松等十位教授在《中国本位的文化建设宣言》中说:"中国在文化的领域中是消失了,中国政治形态、社会的组织和思想的内容与形式,已经失去它的特征,由这没有特征的政治、社会和思想所化育的人民,也渐渐地不能算得中国人。"不少学者都认为母语的重要性不仅在于培养读写能力,而且是学生发展和培养母语文化和身份的方式,但是在大学英语教学中对母语文化的忽视和漠视,使目前大学英语教学中主体的建构面临重重压力,使我们对主体文化的认知处于边缘化状态,结果在大学生文化身份的建构中出现了问题。作为主体的人,对自我的角色定位源于与他者的比较。发展自己、强大自我是主体的目标。因为一个弱势的主体,不但不能把握自己,而且很难与其他主体进行成功的交际,即便是被迫参与了交际,也会被他者所左右。大学生文化身份的建构中需要克服全球化的挑战,正确对待他者并理解自我主体。

培养自我意识是为了能够真正理解我们自己的文化和交际的模式,从而提高跨文化交际能力。我们每一个人都是我们文化背景的产物,这种文化背景包括性别、种族、家庭、年龄、宗教、职业和其他的生活经历。我们的文化为我们提供了洞察力,使我们能够理解自己的信仰、态度和价值观,让我们能批判性地思考自己文化身份的不同方面,并观察文化身份对我们个人发展的正面和负面影响。增强对自我文化的意识,再加上对其他不同文化的了解,有助于个人理解自己的文化身份,也能帮助一个人在任何文化背景中都能做出最适当的行为,使个体能控制自己的情绪并创造好的印象,使个体学会从一种文化背景转入另一种文化背景时如何修正自己的行为。

在大学英语教学中,培养大学生的文化自我意识即文化自觉,主要强调的是对母语和母语文化的尊重。有人认为,语言是国家的灵魂,我们可以通过语言分析发现民族性。民族逐步地使其语言获得了一种独一无二的色彩和情调,而语言则把它所获得的这类特征固定了下来,并以此对该民族产生反作用。所以,我们从每一种语言都可以推知与它相关联的民族性。倘若忽略了语言与民族精神力量的形成之间的联系,比较语言研究便会丧失所有重大的意义。不仅如此,对一个民族的真实本性和对一种具体语言的内在联系的认识,以及对具体语言与一般语言需求的关系的认识,也都完全取决于对整个精神特性的考察。语言的所有最为纤细的根茎生长在民族精神力量之中。民族精神对语言的影响越恰当,语言的发展也就越合乎规律,越丰富多彩。一个民族的精神特性和语言形成这两个方面的关系极为密切,不论我们从哪个方面入手,都可以从中推导出另一个方面。

这是因为,智能的形式和语言的形式必须相互适合。语言仿佛是民族精神的外在表现;民族的语言即民族的精神,民族的精神即民族的语言,二者的同一程度超过了人们的任何想象。

母语和母语文化对学生的跨文化交际十分重要。因为,跨文化交际本身应该是一种双向交流,文化输出和文化输入具有同等地位。没有文化输出,则跨文化交际就变成了单方面的文化引进。加强大学生母语文化的英语表达,使他们学会表达自我,从而在跨文化交际中处于较为有利的地位,同时输出中华文化有利于获得中华文化的话语权。目前,英语已经是全球通用语,除去生活在以英语为官方语言的国家的人口,全球有超过10亿人将英语作为第二语言或外语来使用,英语成为国际交往中具有支配地位的全球语言。全世界70%以上的科学家阅读英文,全世界85%的邮件用英文书写,全球电子文献检索系统中90%的信息用英文存储。将英语作为第二语言或外语的人数将超过以英语为母语的人。因此,在教学中,我们应该重视母语文化及其英译问题,熟悉母语文化的英语表达,学会用英语介绍中华文化。在和西方世界保持接触、进行交流的过程中,把我们文化中好的东西讲清楚,使其变成世界性的东西。

母语文化在大学英语教学中至少有两方面的重要作用:一是将母语文化与目标语文化进行对比,能更加深刻地揭示出目标语文化的特征,从而加深对母语文化和目标语文化本质特征的理解;二是纠正学生的民族中心主义观念,培养学生对目标语文化的积极态度,提升学生学习英语的积极性。

大学英语教学中的首要任务是提高学生的英语水平,培养学生的语言能力。但因为语言和文化密不可分的关系,学生要真正学好英语,必然会要求他们强化对目标语文化的学习。学生要能真正深刻理解目标语文化,必须首先了解母语文化的传统及现状。中国的开放所要求的不仅是将外国文化介绍到中国,同时也要将中华文化传播到世界。这既是大学英语教育中文化教学的目的之一,也是大学英语作为文化素质教育的组成部分应该做到的。培养学生的自我意识,即文化自觉,使学生能客观地评价中国和西方文化的异同,母语文化和目标语文化之间既不是简单的认同,也不是彻底的疏离,而是辩证的统一。文化自觉是一个艰巨的过程。首先要认识自己的文化,理解所接触到的多种文化,才有条件在业已形成的多元文化的世界里确定自己的位置,经过自主的适应,和其他文化一起取长补短,建立一个共同认可的基本秩序和一套各种文化能和平共处、各展所长、联手发展的共处守则。学生要学会基于理解和宽容的态度对待母语文化和目标语文化。一个文化如果缺乏凝聚力,在世界多元文化状态中处于一种消极保守的状态,不及时汲取异文化的优点,最终将失去发展的机会,很可能会被同化。能够很好地理解自我文化的唯一途径是先理解另外一种文化。外语学习者在学习目标语文化时会加深和强化自己的文化。大学英语的学习过程并不是抛弃母语的过程。因此,在大学英语学习的过程中,更能帮助学生意识到自己的中华文化传统,更能意识到自己的文化身份,帮助学生认识自我,理解主体。

2. 文化身份的建构与他者

文化身份对跨文化交际是十分重要的。因为语言与身份的密切关系,除去交际功能,一个人所说的语言和他作为这一语言使用者的身份是不可分割的。语言使用当中的一个简单的特点就足够识别一个人在特定群体中的成员资格。每一种文化都有其特定的历史、价值观、习俗、信仰、表达方式等,语言成为与他人共享的编码并且与文化紧密相连。语言知识是一个人文化传统的一部分。一个人作为一个文化群体成员的身份,有很大一部分来自他能说这个群体的语言。没有比语言更为紧密或敏感的身份的指数了,洪堡特就指出:"每当一个人听到母语的声音,就好像感觉到了他自身的存在。"人们如何定义自己以及看待这个世界,是与他们所说的语言紧密联系在一起的。

语言与交际关系密切。学习语言的目的即为了交际。语言与文化又密不可分,所以文化与交际紧密相连。文化是交际的基础。文化是无法离开人类的参与的。只要有人类的参与,就有交际。文化是一个看不见的老师,却决定了我们的交际模式。正是在我们的文化中,我们学会如何交际,也正是我们的文化,教会我们交际什么。交际亦影响文化的结构,交际反映并传播文化。文化告诉我们应该如何说话和行动,而这些都在我们的交际模式中得到展现。除非我们充分了解所使用语言的文化背景,否则我们不能真正获取语言中的信息。我们通过与他人的联系认识自我,定义自己。通过与其他文化的交流,人们感到自己同属于一种文化。一个人或民族通过与"他者"的区分来确定自己的身份认同。每一种文化的发展和维持,都需要一种与其相异质并且与其相竞争的另一个自我的存在。自我身份的建构——身份,不管是东方的还是西方的,法国的还是英国的,不仅都是独特的集体经验之汇集,而且最终都是一种建构——牵涉到与自己相反的"他者"身份的建构，而且总是牵涉到对与"我们"不同的特质的不断阐释和再阐释。每一个时代和社会都重新创造自己的"他者"。所以，"他者"在文化身份建构中是一个重要的标准。文化身份的认同，首先指认同文化的内部特征，即"主体"应该表现出的独特特征。从这一角度看，为了更好地认识"自我"，需要一种"非我"的标准，在与非我进行区分时，也就凸显出"我"来。从这一角度看，"他者"定义了非我的特征，以证明"自我"。综上所述，文化身份是相对于"他者"的建构。

正因为身份需要通过与他人的交往来实现，在大学生所处的校园和所接受的高等教育中，是最容易观察大学生文化身份的地方，就是通过大学生与他人的交往，尤其是与来自不同文化背景的人、说不同语言的人交往。

他者与自我的文化差异是不同国家、民族间文化的差别。各个国家的文化都有其独特性。各个民族的语言、传统和生活方式也不尽相同。根据霍夫斯泰德关于文化异质性的理论，不同文化间存在差异性，即在价值观、思维方式、行为准则、习俗、信仰等方面的文化差异。霍夫斯泰德从权利距离、回避不确定性、个人主义—集体主义、阳性—阴性、长期—短期取向这五个维度，分析了不同文化之间的差异。可以看出，学生在学习外语的过程中，由一种文化背景进入另一种文化背景时，会遇到各种完全不一样的行为和思想，由此产生文化差异并引发文化冲突。其根源在于：

（1）民族中心主义或种族优越感。认为自己的种族优于其他种族，认为自己的文化价值体系比其他的文化价值体系优越。如果学生持这样的观点对待目标语国家的人民和文化，就容易引起误解，导致无法正常交际。

（2）对信息的理解差异。不同国家的语言和文化背景不同，对同一信息的理解也会不一样。交际是人与人之间或群体之间传递信息的过程，但由于人们对时间、空间、风俗习惯、价值观等认识不同，容易造成误会，甚至引起文化冲突。

（3）对文化意义符号系统的不同理解。不同的文化采用不同的符号。

（4）民族性格、传统文化和宗教信仰的差异。传统文化是民族文化的深层积淀，它融于民族性格之中，使各民族表现出不同的个性。民族的责任，个性的差异，往往构成跨文化交际的障碍。

(5)思维模式的差异。思维模式是民族文化的具体表征。如中国人偏于形象思维,而西方人偏于抽象思维(逻辑思维)等。这些常常是造成跨文化交际障碍的原因。

(6)处理问题的行为模式的差异。行为模式是民族文化的外显形式。不同的民族文化造成不同的行为模式。

(7)法律意识的差异。因为对政治、经济和法律缺乏了解,文化敏感性差,学生往往依据自身的文化分析和判断对方的信息,从而产生文化冲突。

文化中判断是非的标准属正式规范,由正式规范引起的摩擦往往不易改变;文化的生活习惯和风俗等属非正式规范,由非正式规范引起的摩擦可以通过较长时间的文化交流克服;技术规范则可以通过学习技术知识而获得,是最容易改变的。因此,在大学英语教学中,要同时进行跨文化培训,促进大学生对不同文化的了解和认识,提高学生的文化适应能力。组织各种文化体验活动,让学生与不同文化背景的人士交流。增加学生跨文化合作机会,让学生实际体验跨文化交际,提高对文化差异的认知能力和应对文化冲突的策略能力,为培养更多的国际型人才提供平台。

跨文化培训的目的是使学生了解并学会尊重、包容不同文化,学会消除由文化差异引起的误会,让他们能不带任何偏见地观察和发现文化差异,并理解产生文化差异的必然性。增强学生的自我文化意识,即文化自觉,提高跨文化交际能力,使学生具备一定的跨文化适应能力等。可以通过文化熏陶等手段,增加学生对异域文化的了解,打破学生的文化障碍。让学生与具有不同文化背景的人员交流,通过这种方式,可以使学生理解彼此的价值观,能够学会移情——想对方所想,体验对方的情感,理解异文化的行为习惯和思维方式,进而领悟异文化。

英国学者马丁·雅克指出:"因为西方在世界占主导地位,因此西方并不真正需要去了解其他文化;而除西方之外的文化,因为一直处于弱势,所以被迫去学习、理解西方。"马丁·雅克特别提到中国,认为中国人对西方的了解远远胜于西方对中国的了解。马丁·雅克的观点与很多中国人的观点一致,认为中国人或中国学生对西方、西方文化的了解远远超出西方人对中国、中华文化的理解。的确,因为西方在全球扩张中伴随其政治、经济的实力,西方的强势文化也输出到其他文化中。例如,中国自近代以来就面临西方文化的挑战,而现在随着全球化的扩展,西方的生活方式、思维方式、语言、意识形态等对中国人造成的影响更加不可忽视。在对华中科技大学的本科生进行的调查中,学生也列举了很多方面,例如,节日、服饰、食品、运动、手机、电脑、软件、网络等科技产品,交通工具,建筑,包括专业课程中的理论、定律等各个方面,都受到西方文化的强烈影响。学生对西方文化的了解和接受程度的确是惊人的。

但问题在于,喝着可口可乐、过着圣诞节、打着篮球、穿着 Nike、用着 iPad 的学生,真的接触到了西方文化的核心吗?相对于西方文化中的新教伦理、市场经济、议会民主,学生仍然只游离在目标语文化的表面。在访谈学生时就会发现,学生一方面在面对孝顺父母和父母的管教时,选择西方文化中的自由;而另一方面在面对西方文化中的责任感和独立性时,他们却选择让父母帮忙或干脆让父母做主。学生既没学到西方文化中的独立性,也没学到中华文化中的敬老美德,反而是强化了西方式的自由和中国式的宠爱。

理解他者,建构自己的文化身份方面,一定要深入目标语文化的核心。例如,根据社会归属理论,个体一般会根据背景,即所谓的外在因素去解释他们自己的行为或群体内成员的行为,但是会用个体的性格原因,即所谓的内在因素去解释群体外中的个体行为。我们倾向于将陌生人的行为解释为他们的性格,然后又将他们的性格看作是他们文化的典型特征,即我们会按照"那些人"像什么的定势观念去解释和理解陌生人的行为。因此,在大学英语教学中,一定要强调对目标语深层文化的重视,去除定势与偏见、民族中心主义、对文化的历史与关联的忽视等,达到对目标语文化的真正理解。在大学英语教学中,应该在进行语言学习的同时,进行目标语文化知识的教学,文化敏感性训练,跨文化交际的技巧训练等。其目的在于减少学生可能遇到的文化冲突,促进学生对目标语文化的观念及行为习惯的理解。对学生来说,表层的语言障碍,经过学习是比较容易克服的,但文化差异所造成的深层障碍,在跨文化交际中解决起来却比较难。因此,应该培养学生克服民族文化中心主义、消除定势观念、对异文化采取理解的态度,包容文化多样性。

跨越跨文化交际的障碍,还要克服"夜郎自大",即民族优越感的表现形式。哈佛大学前文理学院院长亨利·罗索夫斯基就提出,一个有教养的美国人不应该有狭隘的地方主义,忽视其他地区和时期的文化,应当了解塑造其他地区现在、未来以及历史上其他时期文化的力量。当然,很少人能获得如此广博的世界观,但一个人有没有受过教育,区别在于能否用广阔的视野来审视生活的经验。我们常说中华文化源远流长、博大精深,提到孔子、老子和四大发明,实际上所举的这些都是历史的荣耀。欧洲自文艺复兴以来,文艺、科学技术等各方面都成就非凡。如今,随着我国经济的发展,仍然要用冷静的眼光来看待自己和发达国家的差距,既要继承中华文化传统,又要吸收西方文化精华,不仅要有文化自觉,而且要理解和学习他者,"内知国情,外知世界",或所谓"知己知彼"。文化自觉首先是对自己的文化有"自知之明",即充分认识自己的历史和传统。这是一种文化延续下去的根与种子。更重要的是,要按现代的认知和需要来诠释自己的历史文化,就必须要向现代文化和其他文化学习。在多元文化的背景下找到民族文化的自我,明确新纪元里中华文明存在的意义。

二、跨文化人的培养

大学英语教学目的是使学生能更全面地理解一种语言并能流利地使用它,能成功地和熟练地使用英语进行交际。语言是文化的一部分,同时也是定义和描述文化的媒介。因此,学习者必须了解语言的文化维度。例如,学习者不能仅按照词典中的单词对等意义去理解成语,还需要理解其背后的文化内涵。语言学习的过程中,要注意学会理解新单词的文化含义,即注意学会目标语的文化内涵。语言是交际的工具,但不应该将语言仅仅视为语言学的元素。语言的教与学在强化对其他文化的开放,在与他者交际中培养正面的、对异文化宽容的文化态度方面是最有效的学科。能使学习者认识到文化之间的相同点并能接受不同点,培养学习者包容他者,而不产生社交恐惧。语言教学是通过学习目标语的文学和有关文化知识来进行的,更强调理解目标语国家、社会和人民的经历和观点,理解并超越我们可能持有的对他者认知的定势观念。

大学英语教学对象是大学生。怎样培养学生,培养什么样的学生,无疑是至关重要的问题。大学英语的教学目标除了提高学生的语言技能,还要培养学生对目标语文化和母语文化产生好奇心,帮助他们进行文化比较,丰富学生的体验,培养对文化多样性和文化差异的敏感。语言与文化紧密联系,在大学英语教学中必须将文化与语言相结合,这不仅能帮助提高学生的语言能力,而且能使学生了解目标语文化,与目标语文化群体进行有效的交际。更重要的是,让学生了解更多的文化群体,提高跨文化交际能力,力争成为一个跨文化人。这才是克莱尔·克拉姆希(Kramsch)和迈克尔·拜拉姆(Byram)所提出的外语学习和文化学习的最终目标。我国的大学英语教学的目的,就是让学生能够流利地使用英语。大学英语教学中文化教学的目的之一是为了促进语言教学目标的实现,那么,培养出的学生就需要具有双语能力。双语意味着某种程度上的双文化。一个具有"双文化"特色的人应该能够在两个或更多文化领域内行动而没有障碍,也不会选择那些可能带有负面文化内涵的词语。所以,文化学习的主要目标是帮助学生成为跨文化人,能够轻松和有效地理解和应对来自不同文化背景的人。

(一)对文化差异的敏感

文化价值观是一种比较持久的信念,可以决定个体、群体的生存形态、行为方式或准则,判断是非、美丑、爱恨,因此很容易引起种族优越感、不同的感性认识、交际中的误解及态度等问题,从而导致文化冲突。文化冲突的出现是因为来自不同文化的人具有不同的价值观和行为准则。个体往往根据自己文化的价值观和准则行动,而对方所持的观念可能导致从相反的角度解读其行为,这就造成误解和冲突。不同文化给人提供不同的思维方式——看、听、阐释世界的方式。

影响跨文化交际中相互理解的一些因素,包括认知的约束,不同群体的世界观构成框架形成了一个进行新信息比较的背景;行为的约束,不同文化都有其影响言语和非言语交际的规则,如不一定完全相同的礼貌原则等;情感的约束,不同的文化会用不同的方式展示、表达情感,有一些文化表现为相当情绪化,而有一些文化则表现为情感内敛。与来自不同文化的人交际是很有挑战性的,文化差异会造成对自己和他人行为的期望的复杂性,误解他人的观点、行为、动机会造成冲突。

　　除了培养自我意识,加强对自我主体的关注即文化自觉外,我们必须考虑培养大学生对文化差异的敏感。当我们考虑其他文化时,我们常常将它们与自己的文化相比较,因为我们对自己文化的了解胜于对"异文化"的了解。我们倾向于觉得异文化很奇怪,因为从我们出生起就学习用特定的方式进行解释和理解彼此,当遇见不同的解释体系时我们可能会感觉它不是"正确"的方式。我们倾向于保卫自己的文化并将它视为准则,而将其他的文化模式看成是错误的。这也许是人类对差异的自然反应,但却是我们需要努力克服的。不同的群体面对环境中对生存的挑战时有不同的解决方法,在不同群体中都有人明言他们关于生命如何生存的方式是唯一正确的,而其他的方式都不正常,这就会导致冲突。因此,不应该拒绝其他群体生存的方式和他们的价值观,而应该力图理解来自不同文化的观点。

　　大学英语教学中应该注意培养学生对不同文化的包容态度,学生应该对异文化持开放的心态。即使无法接受异文化,也要设身处地将异文化中无法理解的部分置于其特定的历史和社会背景中,了解其产生的缘由,平等对待异文化与母语文化的差异,而不是对异文化采取嘲讽和轻视的态度。保持自己的价值观,如判断和坚持什么是正确的或错误的是很有必要的。对其他文化持开放态度,并不意味着放弃判断力,而是放弃建立在无知之上的预先判断。开放意味着愿意通过研究其他文化来学习并发展个体自己的价值观。在和西方世界保持接触、进行交流的过程中,首先是本土化,然后是全球化。一方面,要承认我们中华文化里边有好东西,进一步用现代科学的方法研究我们的历史,以完成我们"文化自觉"的使命,努力创造现代的中华文化;另一方面,要了解和认识他人的文化,学会解决处理各种不同文化接触的问题。

　　对周围环境和他人敏感是有能力的跨文化交际者的标志之一。跨文化敏感是一种个体的、能理解和欣赏文化差异以提升在跨文化交际中适当和有效的行为,是培养正面情感的能力。在大学英语教学中,可以从两个方面培养大学生的跨文化敏感性:一是学习母语文化的本质以及母语文化区别于其他文化的主要特点,即"知己";二是培养对目标语文化的理性分析能力,即"知彼"。跨文化敏感性培养可以帮助学生在心理和方法上做好准备以应对不同文化，减轻他们面对不同文化时的不适应。可以在大学英语教学中进行培养，使学生掌握语言知识，同时使他们熟悉目标语文化中特有的、具体的表达和交流方式，如手势、礼节、习俗等，进行文化教育，即以授课的方式系统介绍目标语文化的内涵与特征，同时通过文化讨论的形式，组织学生探讨目标语国家文化的精髓；适当组织各种活动，让学生与外教、留学生有更多接触和交流的机会。

跨文化敏感培训是一种消除文化障碍的方法。通过训练，可以使学生学会如何倾听并了解自己和对方的情感，加强自我意识和对不同文化的适应能力，并促使学生与来自不同文化背景的人员进行有效的交际。使大学生能够发现和学习原来自己没有注意到的文化差异，打破心中的文化障碍，增强合作意识，减少文化偏见，增加相互间的信任感，提高大学生对不同文化的鉴别和适应能力。

(二)跨文化交际能力的培养

大学生跨文化交际能力的培养，要加强跨文化培训。跨文化培训是解决跨文化冲突的有效途径。跨文化培训本身也是一种学习。当前的大学英语教学偏重于纯语言技能的训练，忽视了对大学生的跨文化培训。跨文化培训一般包括：对目标语文化和母语文化的了解，文化敏感性训练，习俗、生活方式等培训，跨文化交际及冲突解决能力的培训等。通过跨文化培训，全面系统地讲授目标语文化的价值观念、伦理道德、风俗习惯、法律制度等，提升大学生对目标语文化的认识和文化敏感性，使学生理解和尊重异文化，减少文化冲突。跨文化培训还包括培养大学生的观察能力和面对面交际的能力，使学生在模拟真实的环境中学习目标语文化。

培养跨文化交际能力还要帮助大学生树立全球文化意识。尽管普遍存在着人类文化的差异，但是具有某些共同特点的全球文化正在出现，大众传媒和现代传播方式，如网络及其衍生的推特(Twitter)、脸书(Facebook)及其他即时通信应用程序正在打破地域和文化之间的界限。作为文化素质教育一部分的大学英语教育，应该致力于培养面向世界的全球化人才，要使学生具备跨文化交际能力去适应全球市场的要求，能够共享全球资源。

为促进不同文化的人们进行交流,约瑟夫·勒夫特与哈里·英格拉姆提出"约哈里之窗"的理论,以促进人类的跨文化交际。"约哈里之窗"将交际双方对彼此的了解分为4种情形:自己知道、自己不知道、对方知道、对方不知道。4种情形组合成4个区域:开放区、盲目区、隐蔽区、未知区。"约哈里之窗"图解了人类交际中可能出现的状况,人们据此可以采用相应的措施提高交际质量。交际双方要提高交际质量,双方都必须扩大开放区,同时缩小盲目区、未知区和隐蔽区;交际双方还必须对自己的和对方的文化有系统的了解,要对彼此的异同有洞察;交际双方也应该对自己的文化做尽可能多的介绍和解释,使对方明晰;来自不同文化背景的交际者应该把握机会做尽可能多的直接交际,从而更深刻地理解和体验异文化。在大学英语教学中进行跨文化能力的培训,具体的做法可以有以下几方面。

文化讲解。向学生提供关于目标语文化的概况知识。这是目前大学英语教学中采用比较多,也是相对最为简易的方法。目的是提高大学生跨文化认知水平。内容有关于目标语文化的历史、人文、社会、制度、经济、习俗、态度等方面。学生可以从中体验文化差异,了解目标语国家的价值观,理解母语文化。例如,可以通过让有过出国经历的人展示各种国外的交通工具票据、钱币、发票、照片等,让学生与中国的同类事物进行对比;收集目标语国家的报纸和杂志,然后与中国的报纸头版、杂志的封面等进行对比,发现其中反映的价值观的差异;给学生一些英语的成语,让他们讨论与汉语中成语、谚语的异同等。

深度分析。教师和学生可以通过分析网络或影像等实时材料,与学生一起进行深度探讨,如案例分析可以提高学生观察文化差异和包容异文化的能力。还可以让学生通过角色扮演,使用英语进行各种场景模拟来强化对异文化的理解和培养自我意识,帮助学生正视文化差异,提高应变能力。学生能了解母语文化及其与目标语文化的异同,分析不同的思维方式、价值观、行为方式和准则。例如,可以提供国外的庆祝仪式、体育节目、节日庆典等影视片段供学生观察;让学生自己在网上搜索找出国外最有影响的报纸、电视、网络媒体;让学生在影像资料中观察国外的约会、婚姻习俗、家庭生活、购物、度假等情境,并体会其中所表现出的价值观;给学生一些失败的跨文化交际的案例让学生讨论,是谁错了,应该如何做;给学生看国外的广告、宣传片、宣传册等,让他们找出其中的文化特色等。

实际体验。可以让师生互动,也可以让大学生与外籍教师和留学生互动,模拟亲身体验,提高大学生对异文化的感知度,同时察觉自己母语文化中习以为常但不被异文化接受的行为,培养大学生的移情能力,能应对不同文化和及时解决文化冲突,提升跨文化交际技巧。例如,让大学生采访在华的外国人,写出他们的感受;分析真实对话中外籍人士的感叹语、如何开始交谈、如何插话、如何深入交谈、如何结束,等等。在与外籍人士交际中,让学生体会外籍人士的非言语交际,例如眼神、手势、身体距离等。

第二节 跨文化交际能力培养

一、跨文化交际能力的界定

在过去的二十年间,学者们对跨文化交际能力从不同方面给出了自己的解释。陈国明将跨文化交际能力定义为"在特定环境中有效、得体地完成交际行为以获得预期回应的能力。"他提出"知识也应该成为在考虑 Intercultural Communicative Competence(ICC)组成的要素之一"。William B. Gudykunst 认为造成交际焦虑和不确定性有6个表层的原因,即自我及自我概念;对陌生者交际的动机;对陌生人的反应;陌生人的社会分类;交际情景过程;与陌生人的联系。

而促进跨文化交际的途径就是减少交际中的不确定性。Young Yun Kim 从心理学的角度对跨文化交际能力进行界定,指出它是个体所具有的内在能力,是能够处理跨文化交际中的有关文化差异、文化陌生感及心理不适的能力。Kim 对跨文化交际能力的界定更加强调"跨文化能力",即处理文化差异的能力,没有涉及交际行为的过程是否得体和交际结果是否有效。

学者们对跨文化交际能力的界定虽然角度不同,但存在一定共性,即交际场景的跨文化性,交际行为的得体有效性。语境是交际发生的环境、场景或场合,交际要在一定的场景中进行。交际者的社会角色、交际角色和交际目的直接影响交际行为,不同文化背景的交际对象对行为模式、行为规范、社会角色有不同的认知。对对方在某一场景中的交际行为期待不同,对交际行为是否得体也有不同的判定。由于交际对象交际行为与自身交际行为规范不符,从而产生厌恶的情绪;交际知识的缺乏和负面情绪的影响从行为上表现出来,就会导致跨文化交际失败。通过梳理,这里认为跨文化交际能力,即跨文化交际语境中,交际者得体(符合目标文化的社会规范、行为模式和价值取向)、有效(实现交际目标)地实施交际行为的能力。

二、跨文化交际能力的内容

各学派对跨文化交际能力应包含的内容问题,观点并不统一。语言学界一般认为,其内容包括语言能力和社会文化能力。语言能力包括词汇、语法、语音系统等,各家观点基本一致。M. Byram 和 Zarate 认为,社会文化能力由处事能力、沟通能力、知识体系和运用能力构成。这里的处事能力主要指交际主体与来自其他文化的交际对象沟通时,能够放弃民族中心主义的态度和情感的能力。知识体系指的是文化参照体系,例如:政治、经济、习俗、礼仪等。运用能力指整合处事能力、沟通能力和知识体系的能力。

跨文化交际学认为,跨文化交际能力包括基本交际能力系统(语言和非语言行为能力、文化能力、相互交往能力和认知能力);情感和关系能力系统;情节能力系统;策略能力系统。

Lustig 和 Koester 认为,跨文化交际能力要视情况而定,由于同一行为在不同文化语境中意义不同,有跨文化交际能力的人的行为一定会得体、有效,跨文化交际能力需要足够的知识、合适的动机和交际技巧。在此基础上,他们提出跨文化交际能力的基本要素:表达尊重的能力,包括以言语和非言语形式表达尊重的能力,但需要注意的是不同文化背景对尊重的要求不同;知识定位能力,是人们用来解释和定义自身和身外世界知识的能力,个性化的解释是有定位能力的表现;关系角色行为能力,指主体能够与其他人保持和建立关系的能力;对含混的宽容能力,指主体对新的、不确定的、不可预知的跨文化冲突的宽容能力;描写、解释和评价能力,指对所观察的事物进行客观描述的能力,做出解释和赋予意义的能力,以及在解释中做出评价的能力。

以上可见,各位对跨文化交际能力内容的表述,虽不尽相同,但大多都涉及语言、认知、情感和行为等方面的能力。

第三节 高校英语教学中跨文化交际能力培养

一、提高跨文化交际能力的途径

通过综述跨文化交际能力的构成,我们知道跨文化交际能力包括认知、情感和行为三方面的能力,认知能力可以通过学习知识来提高,情感方面,无论是交际动机还是交际态度,也需要认知或知识来促进,这两方面的能力最终要靠行为技巧来体现。跨文化交际学界的著名学者 Samovar 与 Porter 对于提高跨文化交际能力有以下建议。

(一)认识自我

"认识自我"是雕刻在阿波罗神庙廊柱上的古希腊格言,据传出自苏格拉底。交际包括10个构成因素,发出信息的信息源倾向于交际对象的反应和信息,而忽视自身的认知风格、情感态度等因素。认识自我要求个体了解自身的文化、个人态度和交际风格。

1. 了解自身文化

文化是人们的行为指南,人们倾向于用自己本民族的价值观、社会规范和行为模式衡量他人的行为,因此了解自身文化的特点及其优点和缺点可以帮助人们克服民族中心主义中的狭隘倾向,提高跨文化交际能力。

2. 了解自己的情感态度

处事态度往往决定交际质量,人们在与他人沟通之前,往往会有一种由预先印象或定势带来的情感态度。这些交际前态度给交际者戴上有色眼镜,不能如实描述看到的客观现象,产生误解。如果交际者能够事先意识到这一点,就能在一定程度上克服先入为主的消极情绪,减少负面情绪对交际的影响。

3. 了解自己的交际风格

交际风格指交际者在交际中喜欢哪类话题,喜欢何种交际形式,如仪式化的形式、巧妙对答的形式、辩论形式等,交际者希望交际对象参与的程度,交际者喜欢的交际渠道,如言语、非言语等,以及交际者赋予信息的实际内容和情感内容的多少等。

人们在相互交往中了解对方的交际风格却很少注意自己的交际风格。如果在交往中你认为自己是一个开放型的人,而你的交际对象却感觉你是内向型的交际风格,那么出现交际问题的可能性就比较大。

4. 自我观察

自我观察是了解自己交际风格,待人接物的态度等交际行为的有效方法,人们一般不会在交际中询问交际对象自己的交际风格是怎样的,或者要求对方做出评价。交际者可以根据交际对象的反应来判断、总结自己的交际风格,提高交际能力要求交际者能够认识到自己的交际风格,发扬好的方面,改正或避免失败的交际策略,克服自身的缺点。

以上四点是提高交际者自我意识的方法,认识自己不是让自己成为交际的中心,而是深入了解自己的文化,认识自己对于其他文化的态度以及自身的交际风格。坦诚看待自己的行为并不容易,但是对于提高跨文化交际能力很有帮助。

(二)考虑物理环境因素和人为环境因素

Samovar 认为时间观念、物理环境因素和习俗是影响交际的重要环境因素。

1. 时间概念

交际能力较强的交际者知道时间概念的重要性,知道在何时谈论某一话题。单一时间取向文化,如美国,做事讲究效率,谈判或者交际风格较为直接,要求严格遵守约会时间,迟到一方要向他人表示歉意。在多向时间取向文化中,人们不严格遵守约会时间,在约会之前应该向主人确认一下时间安排。墨西哥人的商务合同可以在两到三小时的午餐休息时间内签署,并且在会议快结束时才开始谈生意的现象也经常发生。了解交际者前往的文化的时间概念可以帮助提高交际效率和效果。

2. 物理环境

文化定义交际,不同文化在不同语境中的交际规则大相径庭。在美国,商务谈判通常安排在会议室中,谈判双方面对面坐着,气氛比较紧张。阿拉伯人倾向于避免这种正面的冲突,他们喜欢圆桌会议,或者干脆席地而坐。了解非言语交际中的时空语可以帮助交际者预测目标文化中自己所处环境的交际要求,从而使举止更加得体。

3. 习俗

一个民族的文化习俗反映人们的价值观念和行为模式,适应当地文化的习俗和传统是一种跨文化交际能力。一种文化中的简单习俗对于不知情的人来说都会很难把握,例如:在日本人家里做客,你会发现没有沙发或者椅子,你不知该站着还是坐在地板上。在韩国,人们不睡床,而是睡在地板上。在出国之前,了解一些当地习俗的基本常识能够帮助你更快地适应陌生环境。

(三)掌握不同的交流方式

到一个陌生文化中生活或者工作,或与来自其他文化的人进行交际,需要交际者掌握该种文化的信息系统,包括言语和非言语交流方式。

1. 学习语言

语言是重要的交际工具,熟练使用对方文化的语言是体会该文化的途径,学习该文化的工具,是跨文化交际能力的重要方面。当然,语言就其种类而言,我们不可能全都学会。我们的建议是学习你要前往地的语言,或者当前世界上通用的语言。在大多数国家,英语都作为学校教育中主要的外国语,以英语为第二语言的人数较多。英语也是国际会议、商务往来的官方语言和通用语言。因此,如果不知道自己将来是否出国的人可以选择学习英语。英语的普及意味着说英语的人不一定以英语为母语,所以只学习英国或者美国文化是不够的,要学习一些泛文化的知识。

2. 认识语言和文化的关系

语言承载文化信息,反映文化传统,习语和谚语就是这样。据估计,以英语为母语的人经常使用的习语超过一万五千多条,英语习语的特点是字面意思不是习语本身的意思,了解习语的文化含义才可能理解并正确使用习语。

交际者的教育背景和成长环境也是影响其用词及其词义的因素,以英语为第二语言的交际者要在学习英语、使用英语时要留意这一点。

3. 非言语交际系统

人们在交际时除使用言语符号外,还伴随大量的非言语交际符号。如目光、体态、味道等在不同文化中意义不同,误用或误解非言语交际符号的意思会引起误会和矛盾。跨文化交际者应该掌握目标文化中非言语交际符号的含义,并练习正确使用和解读非言语符号的意义。

(四)移情能力

移情能力是情感能力的重要组成部分,主要指摆脱民族中心主义的束缚,不以本民族的价值观念看待和评判其他文化,设身处地为他人着想。Samovar 总结六个移情的步骤是:

(1)承认世界的多元性,文化差异的存在是普遍现象。

(2)充分认识自我。

(3)悬置自我。

(4)以别人的视角看待问题。

(5)做好移情的准备。

(6)重塑自我。

(五)学习观冲突

无论在跨文化交际中还是文化内部交际中,都有可能发生冲突,发生冲突的原

因很多,不同文化对冲突持不同的态度。美国人一般采用五种方法处理冲突:

1. 退避

退避是比较常用的避免冲突的方式,也是最简单的方式之一。退避,包括心理上的,如保持沉默不参与谈话,和身体上的,如远离冲突,表明了交际者不愿意卷入的态度。

2. 和解

和解建立在放弃自己的立场和观点,满足他人的要求,达到他人满意的基础之上。这种策略一方面表明交际者无所谓的态度,另一方面显示交际者的软弱,因此会造成一方占另一方的便宜。

3. 竞争

竞争的策略代表交际者坚持立场,争取胜利的态度。把自己的要求强加于人有很多种形式,包括威胁、言语侵犯、胁迫或剥削。

4. 折中

折中是找到双方都同意接受的途径。使用这种策略时,人们通常要牺牲某些东西以换取解决冲突的方法。

5. 合作

合作的核心是双方都想解决冲突,使用富有建设性的方法可以满足双方的目标和需要。以积极的观点看待冲突,合作是最理想的解决方式。

从跨文化交际角度来看,有的文化倾向于积极地对待冲突,而某些东方文化中,倾向于避免冲突,对待冲突的态度比较消极。个体主义的交际者在处理与集体主义的交际者的冲突时,应该避免采取直接的方式,转而采取婉转、间接的方式。

二、跨文化培训的冲突调适

跨文化培训是跨文化交际学形成的土壤,又是跨文化交际学研究的主要内容和目的之一,它是一项高度专业化的教学形式,目的是帮助人们在异国他乡,在陌生的环境中,有效地工作,愉快地生活,与来自不同文化的人们友好相处。为了满足跨文化体验对于学习者的要求，跨文化培训的专业人士在理论研究、课程开发和教学方法设计上下了很大的功夫，大大丰富了跨文化交际学的内容，促进了跨文化培训的实践探索。

跨文化培训在很大程度上取决于对培训对象、文化调适过程、跨文化培训本质、跨文化交际环境和培训方法等问题的理解和研究。

跨文化培训的目标基本上是将自己的本族文化身份转变为目标文化身份。值得一提的是，再大的动力驱使都不可能使一个来自不同文化的移民完全被主流文化同化，很多移民有意或无意地保持一定的本族文化的身份特点，以满足内心深处的精神需要。

跨文化培训的另一目标适用于大量需要旅居国外的学生、外交官、商务管理人员和军人。他们对跨文化培训的要求具体实用，希望在保持自己本族文化身份的同时，学习目标文化，了解两种文化的异同，增强在目标文化中的交际能力，以便更快、更好地适应新环境，为自己的学习、工作和生活打好基础，对于他们来说，培训的理想结果就是成为双重文化身份的人。

文化冲撞的产生主要有三个原因：陌生的环境和太多的不确定因素；人际交往困难，孤立无援；个人文化身份受到冲击。跨文化培训在帮助学习者正确认识文化冲撞的必然性和积极意义和了解文化冲撞产生的原因之后，就可以从文化冲撞入手，利用文化冲撞对学习者所带来的情感和认知的冲击，来增强他们的跨文化意识，从而开始系统的培训。

文化调适一般需要经历三个阶段：紧张痛苦阶段、逐渐适应阶段和稳步提高阶段。人体内部系统需要一系列稳定因素的支撑才能保持其正常运转，一旦我们接收的信息打破了我们现有的内部秩序，我们就会感到不平衡，并因此产生紧张和不安的情绪。在熟悉的文化环境中，我们日复一日、不假思索地重复很多活动，感到自然放松。然而，对于初来乍到的陌生人来说，一切都是新奇的，每一次跨文化体验都会使他(她)或多或少地感到紧张，但一定会有新的理解和认识，对移入文化和自己的本族文化也会有更深的了解，这种理性认识的提高反过来又促进文化调适的进行。

在整个文化调适过程中,交际起着至关重要的作用。文化调适过程实际上就是移民和旅居者通过跨文化交际实践,增强在移入文化中的交际能力的过程。他们在新的社会环境中,有意无意地参与一系列信息编码和解码的语言和非语言的交际活动,从中获取了关于自己和目标文化的最新信息,这些亲身体验和认知学习加快了他们的文化调适过程,提高了他们的跨文化交际能力。

第四节 跨文化交际意识培养

20世纪中叶以来,越来越多的外语教学和研究人员意识到了将语言教学与文化教学有机结合的重要性和必要性,在第二语言教学中培养学生的跨文化交际能力要求英语教师必须寓文化教学于语言教学之中,在传授英语语法规则和句型操练的同时,还要重视对目标语文化背景的教学并采取相应对策培养学生的文化意识。

一、外语课堂中进行文化教学的必要性

语言与文化密不可分,事实上,我们一直在讨论的文化与语言之间的关系使得文化本身成为任何第二语言学习课程中必不可少的一部分,正如 Lange 认为的那样,学习某种语言而不去了解其文化只不过是一种无谓的尝试。简言之,对于大多数学生来说,这样的学习只会变得枯燥无味,这样的学习只会退步为词汇和句式的学习;对于许多学生来说,尤其是对于那些出于融入目标文化动机而学习的学生来说,能够赋予语言以生命力的恰恰就是文化学习。

对于第二语言学习者个人而言,不断深入地对文化的理解能够增强其个人学习语言和文化的兴趣。通常情况下,外语学习者懂得越多,他们想要了解得就越多。了解某种语言的使用者——了解其思维、感觉、行为和习俗——为第二语言学习者恰当地使用目标语并更为有效地与该国人进行交际提供了极大的可能性。

从更为广泛的意义上来讲,文化习得是创造世界和平、保障经济合作的迫切需要。Seelye 认为,对于某些民族成员生活方式的了解有益于我们了解世界上相互

冲突的价值观体系。就像一个联合国大会的缩影一样,跨文化交际的课堂强调文化间的相互理解与包容,身处其中,学生会了解到不同的文化往往呈现出不同的发展态势和特点,只有学会理解并接受不同文化的特点以及不同文化中人们不同的行为模式,我们才有可能恰当处理好不同地域、国家和种族人群之间的关系,促进其间的交流。

二、文化意识形成的不同阶段

在习得目标文化的过程中,学习者从起初的持有文化定势到最终达到真正的移情,需要经历文化意识形成的不同阶段,事实上,由于文化学习者个体存在差异,其最终所能达到的层次也不尽相同。Hanvey 对文化意识形成的层次进行了简要的划分,他把文化意识划分为四个层次,并且认为大多数的语言学习者都可以归于这四个层次。

1. 事实、定势和不足在第一层次上

学习者感受到的文化信息包括学习者认为的目标文化事实、对目标文化及其中的人群持有的文化定式和学习者所认为的目标文化具有的"不足"。例如,一些以英语为第二语言的学习者先入为主地认为:所有的美国公民都开着大轿车并且大声说话;所有的美国男性都喜欢畅饮啤酒并且喜欢穿牛仔靴;所有美国女性的性观念都很开放;所有的或大多数的美国南部人都被视为少数人或外国人等。这些文化定式在不同程度上,都会对学习者真正地了解目标文化产生阻碍。

2. 浅显的理解在第二层次上

第二语言学习者会发现更多有关目标文化的细微特点并且有时可能会感觉到失望或沮丧。在这一时期,学习者对于他们观察到的事物只表现出浅显的理解,而非深入的理解。例如,有些以英语为第二语言的学习者发现有些美国人的确非常友善,他们追求真正的友谊或人际关系,而有些美国人只是表面上很友好;有些学生会发现诸如"我们什么时候聚一聚"之类的邀请有可能是认真的,也有可能只不过是礼貌性的寒暄,没有什么切实的意义。有时,诸如此类的发现会使学习者感到迷惑,甚至恼怒,但是他们却不了解背后隐藏的真正原因。

3. 深入的理解在第三层次上

第二语言学习者开始从文化载体本身的参考框架的角度来理解文化现象。这一层次包括学习者对文化深入的理解和其对文化接受的程度。这一层次的学生开始掌握能够与目标文化礼貌传统相结合的主观防御机制,进而能够理解来自目标文化的人传递给他们的某些混杂的信息。例如,此时,以英语为第二语言的学习者开始认识到以英语为母语国家的人们的思维角度往往受到许多不同民族和文化群体的限制,进而开始接受他们的思维角度和行为模式。

4. 移情这一层次指的是只有通过融入某一文化才能获得的真正的文化立场的转换和对自己母语文化框架模式的超越

Schumann 称之为真正的文化适应,并提出了文化适应模式,认为第二语言学习者在学习过程中要受到社会和心理上与目标语文化成员之间距离的影响,这一模式包括个体学习者与目标文化之间的距离,认为当二者之间的距离较小时,则说明学习者已经适应了新的文化并且对这一文化感到认同。例如,有少数达到这一水平的留学生把目标语国家认同为"他们的国家",并且往往决定留在那里开展其事业。他们大量地使用目标语中的习惯用语,有时取该国人的名字,信仰该国的宗教,甚至有时力图在遵守文化规则方面超越该国人。他们往往有意识地或无意识地力图融入该国人的生活,并尝试理解、尊重、迎合该国人的期望。

一些第二语言的学习者非常渴望尽快了解目标文化社会,但事实上,许多学习者并不能够完全了解并适应目标文化,有时候,在跨文化交际课堂上,虽然有的学生完成了对目标文化某些方面的学习,但是他们往往坚持其母语文化的理解方式和行为模式,而并未做出很大的改变,甚至有些留学生的最终目标只不过是带着良好的目标语技能和较高的目标语国家学位荣归故里,而不需改变其本人的文化身份。对于陪读的家人来说,他们甚至更渴望坚持其本身的文化身份,例如,在美国,有时中东人的妻子常常只与操阿拉伯语的移民进行交流,她们不愿和周围的美国人打交道,也不愿学习英语,即使她们在美国已经生活了四五年。即使这样,大多数的第二语言学习者还十分渴望通过在目标语国家学习或生活,观察他们周围的文化传统习俗,并设法适应目标语文化来开阔其文化视野。许多第二语言学习者出于继续深造和谋求好事业的需要而来到目标语国家生活并且参加相应的目标语学习课程,因此,他们更能贴近和感受目标语文化。通常来讲,他们会以自己的文化视角来看待目标语文化,但与此同时,他们又开始以新的方式来审视自己以及其母语文化。

以英语为第二语言的课堂是我们所生活的世界的一个典型缩影。以英语为第二语言的学生不仅要面对以英语为母语国家的文化,还要常常接触世界其他国家的文化。通过对外语学习过程中文化因素的系统性学习,

他们会明白世界上并不是只有某一种"固定"或"正确"的解决问题的方式,而是有许多种解决问题的方式,这主要是由于文化的多样性造成的。事实上,这些学生还是会觉得他们母语文化中解决问题的方式最令人感到舒服并且最适合他们。但是,他们不会再否定其他国家人民的信仰和行为,并且会明白虽然其中的某些信仰和行为和他们自己国家的信仰和行为有时会截然相反,但是这些信仰和行为对于其所在国家的人民来说,仍然是合情合理的。

三、文化教学的课堂活动

对于目标文化的学习并不是简单的理论堆砌,这样的学习方式无疑只会使学生逐渐丧失学习目标语及其文化的兴趣,跨文化交际意识的培养也就无从谈起。事实上,学习目标文化除了通过丰富学生理论知识的方法之外,我们还要从具体的课堂教学环节设计入手,通过生动的跨文化交际课堂活动,让学生去真正地了解和体会目标文化以及目标文化当中人们的行为模式,这样,学生的跨文化交际能力才会有真正意义上的提高,跨文化交际课程的设置才会真正具有意义。

在跨文化交际课堂中,文化教学活动具有不同的实施方式,我们大致可以把它们划分为六种类型。

(1)目标文化信息源这一类型的文化教学活动可以采取多种形式进行,例如,邀请专家就某些特定的文化主题举办讲座,安排问答环节,组织学生对话或者体验某些社会场景。这其中的许多技巧都可以用于跨文化交际课堂中,但事实上,这些还远远不够。教师可以鼓励学生多多接触目标文化中的人们,最好能够找到与学

生年龄相仿的目标文化成员,通过就彼此共同感兴趣的话题进行交流来增强学生对于目标文化的了解。

(2)一般来讲教师在课堂上的讲解与展示是必不可少的,但是文化教学绝不是只限于以教师为中心的教师讲解活动。学生从彼此之间或者从目标文化成员身上学习到的文化知识要远远多于其从教师处所学习的文化知识。教师在课堂上所扮演的角色不应该是滔滔不绝的演示者,而是要成为一系列不同的文化教学活动的组织者和倡导者。

(3)欣赏音乐,音乐本身就是一种国际化的语言,它能够引导学生更好地学习新的语言并了解新的文化。课堂音乐活动可以包括唱歌、写歌、观看音乐剧、欣赏目标文化中不同类型的音乐(例如,摇滚、爵士乐、蓝调和古典音乐等),甚至学习演奏目标文化中的某些乐器。

(4)实物与绘画教师可以在跨文化交际课堂中,布置一些反映目标文化的实物、图画和照片。学生置身于这样的环境之中,就能够时刻感受到目标文化中的象征物。这一课堂活动的优点在于能够激发学生就其母语文化和目标文化中的同类实物和场景进行跨文化的对比与比较。让学生观察反映某些文化群体的实物与图片,或者让其猜测某些物品的用途等方法都可以在这一类的文化教学活动中实施。

(5)调研性的文化学习活动是由学生自行选取或设计的,可以以个人的方式进行,也可以以与他人合作的方式进行。这样的活动可以在大学层次的第二语言学习课堂中使用,由学生自行实施的典型活动包括:讲解如何准备目标文化中的某些菜肴;对目标文化成员就某些问题进行正式或非正式的采访或调查;简要地研究目标文化中某一时期的音乐风格;欣赏目标文化中典型的体育赛事;搜集有利于学生了解目标语及其文化的习语、格言等。这些课堂活动一般都采取学生自行设计的形式进行,有时教师也可以给学生提供启发,再由其进行进一步的发挥与创新。

(6)学习风格清单是能够吸引学生兴趣并提供大量的文化信息的另一种文化教学活动,就是引导学生观察来自不同文化的学生所展现的不同学习风格。这实际上也是对某些文化信仰和态度的体现。事实上,学生们有时非常乐于列出不同种类的学习风格清单。比较不同文化群体的学习风格是一种十分有趣的课堂活动,学生们需要去思考并解释不同文化群体的成员是如何看待学习的和他们使用何种策略和行为来帮助他们学习语言和文化。当然,并不是来自某一文化背景的学生都会具有同一种学习风格,但是其中还是会存在一些不可避免的文化相似性。例如,西班牙学生具有更为开放和外向型的学习风格,而大多数亚洲学生,由于其所接受的教育,往往表现得更具分析能力并且更为内向。

以上所有类型的文化教学课堂活动都可以加以灵活的调整,用于满足不同水平和层次的第二语言学习者的实际需要。例如,在进行复杂的角色扮演活动过程中,教师可以提示复杂词汇的意思或者利用视觉辅助材料,以帮助学生理解其中的情境意义。此外,教师应注意无论采取何种形式的文化教学课堂活动,都应该给予学生一定时间用于进行活动前的准备工作,例如,可以要求学生事先简要了解与某一课堂活动相关的概念,把活动过程中将要出现的生词写在黑板上,准备能够反映特定文化背景知识的文化代表物等。总之,一切可以促进学生了解目标文化的方法和手段都可以用到文化教学的课堂教学活动中来。

学习文化知识并不是简单的理论堆砌,需要结合具体的跨文化教学实践来进行。事实上,文化意识的培养和跨文化能力的提高并非一日之工,这需要第二语言教师和学生坚持不懈的努力才能达到。在跨文化交际课堂中,教师的角色不仅要是语言知识的传授者,同时,也应该是目标文化知识的传授者;教师应该同时具有引导学生了解并分析母语文化和目标语文化的能力,进而才能够帮助学生提高跨文化交际能力,并相应地培养其文化意识。

参考文献

[1] 赵耀.商务英语视域下跨文化交际能力的培养[J].长春理工大学学报(社会科学版),2012.

[2] 屈晓丽.跨文化交际视域下的大学英语教学[J].首都师范大学学报(社会科学版),2012.

[3] 霍翠柳.英语教学中跨文化交际能力培养反思[J].中国成人教育,2012.

[4] 马冬,万鹏飞.论跨文化英语教学中学生民族文化自豪感的提升[J].理论观察,2015.

[5] 王小清.高校英语教学中学生跨文化交际能力的培养策略[J].山东社会科学,2015.

[6] 金虹.英语教学中跨文化交际能力培养研究[J].课程·教材·教法,2015.

[7] 马翼虹.浅析跨文化英语报刊的传播作用[J].中国报业,2016.

[8] 赵伟.大学英语教育中的跨文化交际能力培养策略[J].黑龙江高教研究,2016.

[9] 葛春萍,王守仁.跨文化交际能力培养与大学英语教学[J].外语与外语教学,2016.

[10] 安琳,王蓓蕾.新要求新视角新体验:"新目标大学英语"阅读系列教材编写理念与特色[J].外语界,2016.

[11] 杨郁梅.第三空间视域下跨文化交际能力与英语水平的关系[J].现代外语,2016.

[12] 王开玉.走出语言系统:由"外"向"内":以跨文化教育为主导的大学英语教学探索[J].外语与外语教学,2003.

[13] 付永钢,李天行.英语跨文化交际能力的调查与思考[J].西南民族学院学

报(哲学社会科学版),2003.

［14］ 田青.浅谈跨文化的英语教学[J].惠州学院学报(社会科学版),2003.

［15］ 雷耘.谈英语教学中跨文化交际能力的培养[J].山东师大外国语学院学报(基础英语教育),2003.